AF578980

MÉTHODE

D'UN GENRE NOUVEAU

POUR

L'ENSEIGNEMENT

DE L'HISTOIRE.

Tout exemplaire non revêtu de ma signature
sera une contrefaçon.

AUCH, IMPRIMERIE ET LIBRAIRIE DE L.-A. BRUN,
PLACE ROYALE.

MÉTHODE

D'UN GENRE NOUVEAU

POUR L'ENSEIGNEMENT

DE L'HISTOIRE

ANCIENNE ET MODERNE

EN GÉNÉRAL

ET DE L'HISTOIRE DE FRANCE,

De l'Histoire Sacrée,

EN PARTICULIER;

MÉTHODE BASÉE

Sur le grand principe des connaissances humaines,

AVEC APPLICATION A LA GÉOGRAPHIE, A L'HISTOIRE NATURELLE ET A TOUTES SORTES DE NOMENCLATURES;

Par Th. Cutxan fils.

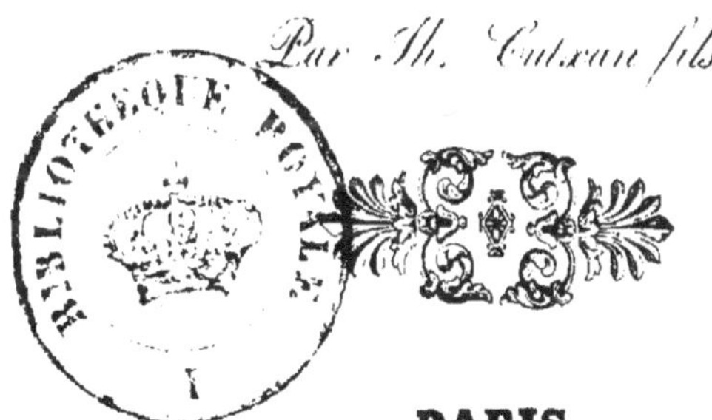

PARIS,

CHEZ POILLEUX, QUAI DES AUGUSTINS, N° 57.

A CONDOM, CHEZ DUPOUY JEUNE, LIBRAIRE, PLACE D'ARMES.

ET CHEZ L'AUTEUR

A AUCH, CHEZ L.-A. BRUN, IMPRIMEUR-LIBRAIRE.

A TOULOUSE, CHEZ MARTEGOUTE LIBRAIRE, RUE SAINT-ROME.

1836.

AVANT-PROPOS.

On se plaint généralement des difficultés que l'on éprouve à retenir l'histoire. A peine, après plusieurs lectures, garde-t-on le souvenir de quelques faits épars..., et à peine ce souvenir se conserve-t-il quelques jours. La chronologie offre des difficultés désespérantes : on confond les dates ou on les méconnaît ; les événemens contemporains et ceux arrivés en différens temps, au lieu de paraître se succéder selon l'ordre chronologique, et selon leurs rapports de causalité, se présentent le plus souvent isolés, comme étrangers aux relations de temps et de dépendance.

Ce peu de succès que l'on obtient en général des études historiques ne provient point, comme on pourrait le penser, d'une insuffisance de mémoire, ni de la trop grande variété renfermée dans l'histoire ; mais de la manière dont on l'étudie. Si l'on possédait la méthode par excellence, on ferait des études plus heureuses. Mais peut-on se flatter de posséder ce moyen? Est-il mis en usage quelque part? Nullement : on en sent partout la nécessité. Qu'on le produise, on verra bientôt les connaissances historiques s'étendre, s'éclaircir, se coordonner et prendre de la fixité. Des procédés ingénieux, désignés sous le nom de procédés *mnémotechniques*, ont été conçus et appliqués à l'étude de l'histoire; des cartes chronologiques ont été tracées. Tous ces moyens offrent certains avantages, mais ils ne font pas la méthode dont la possibilité est pressentie. Le principal mérite de ces premiers consiste à rappeler le souvenir d'un chiffre aride et d'un nom propre; c'est déjà un grand succès. Pour les seconds, ils sont le premier pas fait dans la voie que j'ai suivie pour l'invention de ma méthode. Je ne parlerai point de son mérite; il doit ressortir de l'épreuve à laquelle on invite le lecteur à la soumettre. De la bonne foi et une pratique exacte, c'est tout ce que l'on réclame.

RÉFLEXIONS DE L'AUTEUR

QUI L'ONT CONDUIT

A LA THÉORIE DE SA MÉTHODE.

S'il ne fallait que lire l'histoire pour la connaître, elle serait connue de quiconque sait lire: car les livres ne manquent pas; mais ce sont les moyens de la graver dans la mémoire qui sont à trouver. Pénétré de cette vérité, j'ai cherché à découvrir ces moyens.

Dans cette entreprise, je me suis fait d'abord cette question : Serait-il impossible de faciliter le souvenir des faits historiques? Et pourquoi serait-il impossible? N'y a-t-il pas des choses que nous apprenons facilement et que nous nous rappelons long-temps? Dès-lors, espérant découvrir l'objet de ma recherche, je me suis fait cette autre question : Quelles sont les choses que l'on apprend le plus facilement, et dont le souvenir est le plus durable? La réponse s'est présentée tout naturellement : ce sont les lieux que nous habitons et les personnes parmi lesquelles nous vivons. Cette idée, avec toute son évidence, me parut néanmoins susceptible de beaucoup d'observations, en même temps qu'elle me sembla pouvoir être un grand principe.

Alors, la prenant pour objet de réflexions sérieuses, je cherchai à l'analyser, persuadé que si je pouvais la prendre pour base d'une méthode, j'aurais fait une belle découverte.

Je rappelle l'idée.

Le souvenir des lieux que nous avons habités et des personnes que nous avons fréquentées est un souvenir facile et durable.

Pour prouver cette proposition, il n'est pas nécessaire d'entrer dans l'examen des facultés de l'intelligence humaine; les faits parlent assez haut et la rendent assez évidente. Considérons seulement les objets que l'on se rappelle. Je m'aperçois que ce sont des termes concrets : ce sont des lieux, des corps, des formes, des dispositions ordinales, des rapports physiques, etc. Là est une maison de telle configuration, là, une prairie, un arbre, un ruisseau, un côteau, etc. Je vois la disposition de tous ces objets, les uns par rapport aux autres : c'est le tableau fidèle du lieu qui reste en ma mémoire. De plus, je remarque que ces idées se réveillent mutuellement.

L'idée des personnes que nous avons connues d'une manière particulière, également simple en elle-même, ne soulève pas moins de souvenirs. Cette idée rappelle bien vîte les manières d'être, les lieux d'habitation, les parens, les amis, etc. Quel est celui qui ne saurait dire d'une personne qu'il aurait fréquentée, qu'elle était de telle forme de corps, ayant de telles manières d'être, habitant tel lieu, ayant tels parens, tels amis; qu'elle fut son compagnon dans ce voyage, son associé dans cette entreprise, dans cet amusement, etc., et enfin une infinité de circonstances qui peuvent se rattacher à sa personne. Voilà des souvenirs constans, faciles à rappeler à tous les instans et liés entre eux; car il ne s'en présente pas un à la pensée qu'il ne soit escorté de plusieurs autres. D'où viennent donc ces résultats? Quel en est le principe? Si nous les découvrions, nous pourrions peut-être l'appliquer aux études de la science humaine. La première cause que j'aperçois, c'est l'impression forte et bien tranchée que les objets matériels causent en nous, et il est vrai de dire que les corps affectent nos sens le plus vivement.

Mais j'aperçois encore un autre fait, une autre vérité : c'est que le lieu me rappelle l'objet qui l'occupe, et réciproquement l'objet me représente le lieu qui le recèle, ou, en d'autres termes, le lieu d'habitation me réveille l'idée des habitans, et réciproquement. Mais pourquoi ces deux idées se suscitent-elles mutuellement? C'est l'effet du rapport de contiguité. Ce rapport est-il bien facile à établir? Très facile. Je parcours les faits, et je trouve que ce rapport est des plus simples, des plus saisissables, à la portée de toutes les intelligences. Savoir que telle chose est à tel endroit, et que tel endroit recèle telle chose, voilà le rapport établi. Je le demande : que de rapports de ce genre ne savons-nous pas? Nous en apprenons depuis notre enfance, et on oublie peu ceux que l'on a appris. Si je porte ma pensée sur les lieux que j'ai habités, que de choses ne vois-je pas à leur place. J'en trouve à l'infini dans les campagnes, et autant dans les villes ; dans l'intérieur des maisons, en chaque lieu. On pratique constamment et universellement cette théorie. L'artiste, l'industriel, l'homme de lettres la suivent sans s'en douter. L'ébéniste connaît la place de tous ses instrumens et les y retrouve à volonté. L'homme de lettres, au milieu d'une vaste bibliothèque, connaît bientôt la place de chaque volume. L'épicier, le marchand de toute espèce n'est pas en peine de retrouver le plus petit objet au milieu de mille, dans les labyrinthes de son vaste magasin. Le pharmacien saurait retrouver ses flacons, le bandeau sur les yeux, et le typographe trouve avec dextérité ses divers caractères dans leurs casses.

C'est donc un fait incontestable que le rapport entre le lieu et l'objet qui l'occupe est très facile à saisir, et que ce rapport est la source de nos premières et de nos plus nombreuses connaissances. Voilà un grand principe trouvé. Je cherche à l'appliquer à l'étude des faits historiques, et je fais cette supposition : Si les lieux que j'ai habités, les objets que j'ai considérés, parcourus, comparés ; si ces personnes que j'ai connues dans tout ce qui les regarde étaient les faits historiques proprement dits, et que ces faits historiques fussent placés dans des lieux bien distincts les uns des autres et rangés selon un ordre successif, en imitation de la succession des siècles, il me serait alors bien facile de me rappeler ces faits, et pour cela je n'aurais qu'à me rappeler l'idée des lieux pour avoir l'idée des faits, ou bien l'idée des faits pour avoir l'idée des lieux, et conséquemment la chronologie, puisque les lieux, les places la feraient connaître.

Mais comment opérer cette transformation des faits historiques en objets matériels? Comment donner une forme sensible aux sentimens et aux idées, si ce n'est en ayant recours au genre dramatique qui met en scène les personnages et les actions.

En effet, on opérerait alors en quelque sorte cette transformation, et c'est ce que j'ai fait dans l'application de ma méthode à un grand nombre d'élèves. L'histoire s'y étudie selon un certain mode dramatique. Mais ce n'est pas ce que je cherche à présent : je cherche à matérialiser réellement les faits historiques. Comment y parvenir?

De l'impossibilité d'opérer cette transformation, je passai à l'idée de ménager entre les objets matériels et les faits historiques une transition facile, de manière que ces objets seraient pris pour point de départ. De cette sorte, je ne m'écartais pas beaucoup de mon premier essai. Mais comment établir cette transition? Quel rapport entre ces corps et les faits historiques? Mais bientôt je me demandai : Quel rapport entre les corps et le lieu, le terrain qu'ils occupent? Et cependant l'idée de l'un réveille l'idée de l'autre; l'image du lieu se présente instatanément à côté de l'image du corps; il n'y a d'autre rapport qu'un rapport de contiguité. Et dès-lors je me dis : Si ce rapport de contiguité avait également lieu entre un corps et les signes des corps, entre un corps et les mots, s'il existait aussi saisissable, nous aurions fait une belle découverte pour l'étude d'histoire, puisqu'elle s'apprend par le moyen de signes, de mots. Cherchons donc si les mots s'allient aux corps.

A peine ai-je prononcé cette proposition que je suis frappé de son évidence.

Les mots s'allient parfaitement au corps; c'est l'objet de toutes les langues, et c'est la cause qu'il existe une science humaine. Car, si l'on rompait ce rapport entre les choses et les mots, il n'y aurait plus de science possible. On attache des mots aux corps, à leur manière d'être, à leur rapport, et enfin à toutes leurs combinaisons; et ces mots ne s'attachent point à ces objets par leur propre nature, mais par convention.

Les mots réveillent l'idée des objets, et l'idée des objets rappelle les mots.

Voilà le rapport établi entre ce qui est matériel et les mots. La géographie, la physique, la chimie, l'histoire naturelle, et certaines branches des mathématiques, comme l'architecture, la géométrie pratique, et enfin presque toutes les connaissances humaines s'exerçant sur ce qui est matériel, ne nous sont apprises que par le moyen de ce rapport entre les choses et les mots qui les expriment. C'est donc un fait bien reconnu que ce rapport est très saisissable, bien important, puisqu'il fait toute la science de l'homme. Mais pour bien les saisir, il faut travailler sur les corps eux-mêmes, ou bien sur leur fidèle représentation. En effet, on apprendrait très mal la géographie, si on ne considérait point des lieux ou des cartes qui les représentent; on apprendrait très mal la physique, la chimie, si on ne s'exerçait sur les corps eux-mêmes.

Mais l'histoire, sur quels corps pourrait-on l'étudier? Quel pourrait être le terme concret, palpable, auquel on pourrait la rattacher? Les lieux sur lesquels sont arrivés les événemens sont un terme auquel on doit les rapporter; car l'inspection du théâtre réveille assez facilement la scène qui s'y est passée; mais ce terme est insuffisant pour rappeler tout ce qui est du domaine de l'histoire : car tout en elle n'est pas matériel : il y a la part des sentimens et des idées; de plus, l'idée des lieux ne nous est pas assez présente, assez familière pour pouvoir servir de point de départ, et ne saurait rappeler la chronologie des événemens.

A quels objets physiques pourrons-nous donc rattacher les faits de l'histoire? Mais nous avons dit que les mots s'alliaient parfaitement aux corps. Les objets matériels peuvent donc être considérés comme lieux d'aggrégation de mots, comme le lieu de leur habitation; et les mots, comme les habitans de ces lieux. Nous pourrions donc réunir les mots, les signes qui nous apprennent l'histoire, sur des corps, en des places qui sont des objets matériels; et dès-lors, les faits historiques signifiés par les mots, se trouvant rattachés à des objets matériels, nous viendraient à la mémoire à volonté, et pour cela, nous n'aurions qu'à nous rappeler l'idée de la place qu'ils occuperaient; car nous avons dit que l'idée du lieu d'habitation rappelait l'idée des habitans.

Établissons donc une série de places correspondantes à la succession des siècles, et rattachons-y les événemens historiques : voilà le principe de la méthode. Et quels procédés pratiquerons-nous? Les mêmes que nous pratiquons pour apprendre les choses qui nous entourent. 1° Nous les considérons à leurs places; 2° nous allons les y retrouver au besoin; 3° et quelquefois les ayant déplacées, nous les y replaçons. Nous considérerons également les faits historiques à leur place; nous les y verrons dans tous leurs développemens; nous irons les y retrouver, et les ayant déplacés, nous les y replacerons.

Les principes qui découlent de la théorie précédente sont donc :

1° Passer du connu à l'inconnu, du simple au composé;

2° Considérer les touts dans leur complexité;

3° Les décomposer et les recomposer.

Ce qui s'exécute par les exercices que nous allons indiquer.

ABRÉVIATIONS

QUE L'ON RENCONTRERA SUR LES TABLEAUX.

Aca. Académicien.
Agri. Agriculteur.
Ami. Amiral.
Arch. Architecte.
Ast. Astronomie.
Au. Auteur.
Capi. Capitaine.
Chir. Chirurgien.
Chi. Chimiste.
Const. Constitutionnel.
Conv. Conventionnel.
Cri. Critique.
Dépu. Député.
Dict. Dictateur.
Disc. Disciple.
Géné. Général.
Géom. Géomètre.
Géo. Géographie.
Hist. Historien.
Instit. Instituteur.
Inst. ora. Institutions oratoires.
Juris. Jurisconsul.
L. S. D. Leurs substantifs dérivés.
Litté. Littérateur.
M. Mort.
M. V. Mort vers.
Magis. Magistrat.
Maré. Maréchal.
Méca. Mécanicien.
Méde. Médecin.
Minis. Ministre.
Mora. Moraliste.
Nat. Naturaliste.
Ora. Orateur.
Ph. Philosophe.
Phy. Physicien.
Pein. Peintre.
Poè. Poëte.
Publ. Publiciste.
Révol. Révolutionnaire.
Rh. Rhéteur.
Sati. Satirique.
Sav. Savant.
Stat. Statuaire.
Symph. Symphoniste.
Tétrarq. Tétrarque.
V. Vivait.
V. V. Vivait vers.
Ven. Vendéen.
Vict. Victor.

EXPLICATIONS GÉNÉRALES

SUR LA DISPOSITION

DE L'HISTOIRE RÉPARTIE SUR LES TABLEAUX,

OBJETS DE L'APPLICATION DE LA MÉTHODE.

La méthode s'applique à l'histoire universelle en général, à l'histoire sacrée et à l'histoire de France en particulier.

Ces deux histoires, unies entr'elles par une partie de l'histoire de l'église, et auxquelles on rapporte toutes les autres, sont prises pour termes de comparaison.

Ainsi, c'est une longue chaîne, partant du commencement du monde, de la main d'Adam, et se prolongeant jusque dans la main de Louis-Philippe, aux anneaux de laquelle vont se rattacher les ramifications des histoires correspondantes.

L'histoire, depuis Adam jusqu'à Pharamond, est divisé par siècles, représentés par autant de tableaux; l'histoire, depuis Pharamond jusqu'à nos jours, est divisée par les règnes des rois de France, représentés chacun par un tableau.

COMPOSITION DES TABLEAUX.

Chaque tableau de forme rectangulaire présente quatre colonnes, à l'exception de quelques-uns, qui en ont plus ou moins. A la première colonne se trouvent les faits historiques de l'histoire principale, c'est-à-dire de celle qui est prise pour terme de comparaison; à la seconde, une chronologie générale; à la troisième, les hommes célèbres; et à la quatrième, les institutions, établissemens, découvertes et inventions; le tout rangé selon l'ordre chronologique. Les tableaux qui représentent un siècle sont supposés divisés en trois parties: la première comprenant une durée de 30 ans; la seconde, une durée de 40 ans, et la troisième, une durée de 30 ans encore.

Les différentes couleurs des tableaux servent à attirer les faits sous leur siècle ou règne.

Sur chaque tableau se trouve une idée principale: sur les tableaux de l'histoire moderne, c'est le roi de France; sur les tableaux de l'histoire ancienne, c'est un grand personnage, ou un grand fait historique. Ces idées sont accompagnées de mots dont on verra l'usage plus bas.

Les idées principales sont prises pour centres, autour desquels sont supposées groupées toutes les autres. Ainsi, autant de centres, autant de groupes d'idées; et ces idées, énoncées simplement, et étant susceptibles de développemens, deviennent à leur tour centres de nouvelles idées, fournies par les développemens. Donc, tout se trouve lié : les faits exprimés simplement tiennent au fait central par convention, et souvent par la nature des faits; et les idées des développemens tiennent au fait qui les fournit par leur propre nature. Ainsi, on distingue dans ces groupes le centre principal, entouré de centres secondaires, qui, à leur tour, sont entourés d'une multitude d'idées. De même, dans une même famille, les membres qui la composent se trouvent réunis autour de la personne d'un chef commun, et chaque membre en particulier donne lieu à des détails qui composent sa manière de vivre, son histoire.

DU SYSTEME DE CHRONOLOGIE

SUIVIE SUR LES TABLEAUX.

Différens systèmes de chronologie sur la durée du monde, depuis la création jusqu'à Jésus-Christ, sont suivis par les historiens : les uns comptent une durée de 3740 ans; d'autres 3880, 3950, 4000, 4004, 4040, 4140, 4720, 4963, 5000, 6084. Sans chercher à rapporter tous les différens calculs, qui sont au nombre de plus de 50, ce qui, comme dit Las-Cases et autres, rend toute concordance dans les dates impossible, nous dirons seulement que la plupart des anciens comptaient 5500 environ, et que les modernes ont adopté la chronologie de 4000 environ ; c'est celle que nous avons suivie dans nos tableaux, qui portent 3984, chronologie des tableaux d'Arnaut Robert et de E. Hocquart, sources où nous avons puisé la plupart des matériaux qui couvrent les nôtres, sur lesquels les années sont comptées par siècles avant Jésus-Christ. Des tableaux de Las-Cases, nous avons pris grand nombre d'hommes illustres. Les élémens d'histoire de M. Lévi, ouvrage dont on peut se servir avantageusement dans l'usage de notre méthode, nous ont aussi fourni grand nombre de faits historiques modernes : quant à leur chronologie, elle est peu contestée. Les ouvrages consultés sont les auteurs précités, et les biographes Michaud, Ladvocat, Prud'hommme, Chaudon et Délandine, Feller, Jay et Jouy, etc.

EXERCICES.

CHAPITRE I.

La méthode s'appliquant à un seul ou petit nombre d'élèves, et à un grand nombre à la fois, deux sortes d'exercices sont mis en usage, ce qui a donné lieu à une division de la méthode en deux genres : genre narratif et genre dramatique. Le premier peut être pratiqué par un ou plusieurs étudians à la fois, et le second par un grand nombre seulement. Au reste, ces deux genres découlent naturellement des principes de la méthode.

Nous commencerons par le genre narratif.

PREMIÈRE PARTIE.

GENRE NARRATIF.

Application à l'histoire de France et aux histoires qui en sont contemporaines.

Le système de localité est établi, et tous les tableaux sont placés (voir la planche, n° 1er). Nous commencerons d'abord par l'histoire de France, car c'est le terme de comparaison des histoires modernes.

PREMIÈRE LEÇON.

(Le maître à ses élèves).

Vous voyez, messieurs, des rangées de petits tableaux ; ils sont revêtus de faits historiques, hommes célèbres, découvertes, inventions, etc., selon l'ordre chronologique, depuis Pharamond jusqu'à nos jours. Considérons ces tableaux, et commençons par ceux qui sont placés à la face nord de la salle.

Vous en y comptez 22, et chacun représente un règne de roi de France ; c'est la représentation des rois de la première race. C'est donc la race mérovingienne. (Le maître explique l'origine de ce dérivé). Portez maintenant vos regards sur la rangée des tableaux placés à la face *est* de la salle. Vous en y comptez 13 ; c'est la seconde race composée de 13 règnes. C'est la race carlovingienne. (Expliquer l'origine de ce dérivé.)

Vous voyez des rangées de tableaux à la face *sud* de la salle ; vous y distinguez : 1er banc ; 2e banc à la suite ; 3e banc, *idem ;* 4e banc, *idem ;* un cinquième et un sixième banc placés à la face *ouest* de la salle. Eh bien, ces six bancs portent les tableaux représentant les règnes de la troisième race dans ses six branches ; c'est la race capétienne. (Expliquer l'origine de ce dérivé).

Le 1er banc figure la branche capétienne composée de 15 rois ; le 2e, la première branche des

Valois; on y compte 7 rois; le 3e, la première branche d'Orléans, n'ayant qu'un seul roi; le 4e, la deuxième branche des Valois où l'on compte 5 rois; et le 5e banc, à la face *ouest* de la salle, figure la branche de Bourbon où l'on compte 9 rois, plus, la république et l'empire.

Et le tableau que vous distinguez seul sur un sixième banc est le premier règne de la deuxième branche d'Orléans, dont Louis-Philippe, aujourd'hui régnant, est le premier roi. Voilà donc les règnes de l'histoire de France divisés par races et branches.

EXERCICES.

L'élève s'avançant de la rangée des tableaux de la face nord de la salle dit : Voilà la première race des rois de France, dite mérovingienne; elle comprend 22 rois. Passant successivement aux autres faces de la salle, il dit : Voilà la deuxième race, dite carlovingienne; elle comprend 13 rois. Voilà la troisième race dite capétienne; elle comprend 37 rois et se divise par branches. Voilà la première branche dite capétienne; elle comprend 15 rois. Voilà la deuxième, les montrant toujours de la main, dite première branche de Valois; elle comprend 7 rois. Voilà la troisième, dite branche d'Orléans; elle ne comprend qu'un roi. Voilà la quatrième, dite la deuxième de Valois; elle comprend 5 rois. Voilà la cinquième, dite de Bourbon; elle comprend 8 rois. Et voilà la sixième, dite la deuxième d'Orléans, dont Louis-Philippe est le premier roi.

On répète si cela est nécessaire.

DEVOIRS.

Donner aux élèves la leçon à rapporter avec la représentation du système de localité.

RAISONNEMENS.

Ce sont là des conséquences de nos principes. Nous offrons aux regards de nos élèves des objets matériels, palpables; nous passons du connu à l'inconnu, du simple au composé. En effet, l'idée d'une salle que l'on a fréquentée est une idée simple, une idée durable, présente à l'esprit à volonté. Cette idée rappelle l'idée des rois de France dans leur ensemble; puis cette idée se décomposant fournit quatre idées également simples et faciles. L'idée de la face nord rappelle la première race et le nombre de ses rois; celle de l'est la deuxième race; celle du sud la première branche de la troisième race, et les trois bancs suivans rappellent les trois branches; et la face ouest rappelle la cinquième et la sixième branches, et toutes avec le nombre de leurs rois. Ainsi l'idée de la salleet les quatre idées qu'elle fournit sont autant de points de rappel qui nous suscitent l'idée de la représentation des rois de France dans leurs différentes branches, et leur nombre dans chacune d'elles ; c'est ainsi que l'idée du lieu rappelle l'idée de l'objet qui l'occupe, et réciproquement, puisque ces deux idées sont liées ensemble et qu'elles se présentent instantanément.

DIVISION DES ROIS DE FRANCE PAR SIÈCLES.

DEUXIÈME LEÇON.

(Le maître à ses élèves).

Vous remarquez, messieurs, que les tableaux ne sont pas placés à égale distance les uns des autres ; vous les voyez rangés par deux, par trois et quelquefois par quatre, et par un. Cette disposition, croyez-le bien, n'est pas inutile : c'est ce que vous allez voir.

Considérons d'abord les tableaux de la face nord, et nous disons : 1° deux tableaux, trois tableaux (voir le système factice de localité, planche n° 1). 2° deux tableaux, trois tableaux ; 3° deux tableaux, plus deux et trois tableaux ; 4° deux tableaux, trois tableaux. Passant à la rangée de la face est, deux tableaux encore. Arrêtons-nous ici et répétons. (Les élèves répètent). Le maître : nous nommerons les deux tableaux *duo ;* les trois tableaux *trio ;* les quatre tableaux *quatuor ;* et un tableau seul *solo.* Ces deux dernières rangées se trouvent dans les races suivantes.

Le maître : Voici les divisions des rois de la première race par siècles. Les premiers deux tableaux, trois tableaux, ce sont les rois qui ont commencé de régner dans le cinquième siècle; ils sont donc au nombre de cinq.

Passant aux tableaux suivans, nous disons: 2, 3 pour le sixième siècle; 2, 2, 3 pour le septième siècle; 2, 3 et 2, à la seconde race, pour le huitième siècle. Ainsi cinq rois ont commencé de régner dans le cinquième siècle, cinq dans le sixième, sept dans le septième, et sept dans le huitième.

Les élèves répètent de la sorte: 2, 3, cinquième siècle; 2, 3, sixième siècle, etc.

Après les avoir exercés selon l'ordre successif, on les exerce sans suivre d'ordre, en leur faisant ces questions: Au septième siècle, combien de rois? Au sixième, combien de rois? Au huitième, combien de rois?

Mêmes exercices pour les rois de tous les siècles; mais chaque race doit être d'abord parcourue de la sorte une à une.

DIVISION DES ROIS DE FRANCE PAR ÉPOQUES.

Cette division pourrait être celle-ci: Première race, deux époques: première, invasion des Barbares; deuxième, rois fainéans. — Seconde race, troisième époque: troisième race, premiers rois de la première branche capétienne, quatrième époque; croisade, affranchissemens des communes, cinquième époque. Première branche de Valois, sixième époque. Deuxième branche de Valois, septième époque. Branche de Bourbon, huitième époque. Révolution française, neuvième époque.

DEVOIRS.

Donner aux élèves la leçon à rapporter.

NOMENCLATURE DES ROIS.

TROISIÈME LEÇON.

C'est maintenant le lieu de nommer les rois selon leur ordre de succession et, *vice versâ*, avec leur numéro d'ordre. Chaque roi a son surnom. Ceux qui se trouvent entre deux parenthèses sont des surnoms empruntés que nous nommons qualificatifs. On en verra plus bas l'utilité.

Suivant toujours rigoureusement nos principes, nous considérerons d'abord les objets à leurs places, puis nous irons les y retrouver et les en retirer, pour les y replacer ensuite.

Premier procédé.

Le maître à ses élèves : Étudiez les noms des rois du cinquième siècle ; ces rois sont Pharamond, Clodion, Mérovée, Childéric et Clovis-le-Grand. On ne prononce pas les surnoms empruntés ; ils seront remarqués plus bas.

Deuxième procédé.

Après quelques instans d'étude, on demande à l'élève s'il connaît la place de tel roi, de Clovis par exemple. L'élève devra répondre : c'est le dernier du *trio* ou le cinquième du siècle. *Demande.* De Childéric? *Réponse.* C'est le deuxième du *trio* ou le quatrième du siècle, et ainsi des autres.

Troisième procédé.

Les cinq tableaux des rois du cinquième siècle sont déplacés et mêlés comme un jeu de cartes. Les élèves sont exercés à les replacer. Quelquefois le maître pervertit l'ordre ; l'élève corrige ce déplacement.

Mêmes exercices pour les rois du sixième siècle et des suivans.

Après avoir étudié les noms des rois siècles par siècles, on répétera les mêmes exercices sur l'ensemble de ces rois, c'est-à-dire qu'on les considérera tous à leurs places, qu'on ira les y retrouver, et qu'étant tous déplacés et mêlés comme des cartes, on les replacera comme ils doivent l'être.

DES NUMÉROS D'ORDRE.

Les exercices précédens quelquefois répétés, les élèves seront à même de nommer tous les rois selon leur ordre de succession et *vice versâ*, de nommer ceux d'un siècle donné, d'une branche ou d'une race, en allant ou en reculant ; de reconnaître les numéros de la série totale, d'une branche et d'un siècle seulement, et connaîtront aussi le roi, quand ces numéros d'ordre seront donnés, puisque la succession des rois est divisée par races, branches et siècles. Ce sera toujours l'idée de la place qui révélera l'idée de chaque roi, des numéros d'ordre et réciproquement.

DE LA GÉNÉALOGIE DES ROIS DE FRANCE.

On la fera remarquer aux élèves, ainsi que leurs différens genres de mort.

DEVOIRS.

Donner la leçon à rapporter.

QUATRIÈME LEÇON. — DES AVÈNEMENS.

La connaissance des dates des avènemens n'est pas moins facile à acquérir que celle des noms des rois ; elle repose sur le même point de rappel; de plus, chacune d'elles en a deux, la place du tableau et l'idée du roi.

On tourne les tableaux intermédiaires entre le premier et le dernier de chaque siècle, de sorte que les dates seulement de ces deux régnes se trouvent en regard, et celles des autres au revers.

S'exerçant sur les rois du cinquième siècle, on trouve que le premier, qui est Pharamond, est monté sur le trône en 420, et que le dernier, qui est Clovis, en 481. Voilà deux dates qu'il faut bien se graver dans la mémoire.

Premier procédé.

On les étudie à leur place.

Deuxième procédé.

On va les y retrouver d'après ces questions : Où est la date 481 ; où est 420.

Troisième procédé.

On déplace et on mêle ces tableaux, et puis on les replace. Quelques exercices suffiront pour apprendre ces dates.

Mêmes procédés pour l'étude des dates des autres siècles, c'est-à-dire du premier et du dernier règne de chaque siècle.

DE LA DURÉE DES RÈGNES.

C'est encore des chiffres qu'il s'agit de retenir, mais cette tâche est encore facile. Deux idées déjà acquises et présentes à l'esprit à volonté conduisent à celle de la durée des règnes : idée importante, puisqu'elle fait connaître l'étendue du règne et qu'elle fait présumer de son importance. L'idée de la place et du roi qui l'occupe sont encore les points de départ pour arriver à l'inconnu.

Tous les tableaux du cinquième siècle montrent la face où se trouve le chiffre de la durée des règnes.

Premier procédé.

Les étudier à leurs places.

Deuxième procédé.

Les y retrouver d'après ces questions : Combien a régné Pharamond et Clodion, etc.

Troisième procédé.

Les chiffres de la durée des règnes étant écrits sur des cartes ou morceaux de carton, savoir les placer chacun à son règne. Outre ces procédés, pour fixer dans la mémoire les chiffres de la durée des règnes, il est encore d'autres moyens moins abstraits et plus conformes à la logique, c'est de les comparer entr'eux. Exemple : rapportant les chiffres de la durée des règnes précédens, nous avons :

8
20
10
23
30

Comparons : nombre 20 entre 8 et 10, on en voit le rapport arithmétique; doublant ce dernier et ajoutant 3, nous avons 23, durée du quatrième règne; et ajoutant 5 à ce dernier, nous avons 30, durée du cinquième règne.

Durée des règnes du sixième siècle : 47, 6, 4, 16 et 44. Nous mettrons 47 en rapport avec 44 : on en verra le rapport; puis, opposant 6 à 4, différence : deux; et multipliant ce dernier par lui-même, on trouve la durée du règne suivant 16. Durée des sept règnes du septième siècle : 10, 17, 15, 3, 18, 4, 16. Pour lier ces chiffres entre eux, nous ferons les opérations suivantes : 10, + 7 = 17; 17 — 2 = 15; 15 : 5 = 3; 3 + 6 = 18; de 18 considérons le dernier chiffre 8 : 2 = 4; 4 + 4 = 16.

Ces sortes de rapports liant les chiffres entr'eux ménagent une transition du chiffre connu au chiffre inconnu.

Même comparaison entre les chiffres de la durée des règnes des autres siècles.

La connaissance de la durée des règnes doit nécessairement fournir celle de l'époque de l'avènement au trône de chaque roi. Sachant que le 1er roi de tel siècle a commencé de régner à telle époque, il n'y a qu'à additionner la durée du règne de ce premier roi, avec celle des rois suivans, jusqu'à ce l'on arrive au roi dont on veut connaître l'époque de l'avènement.

Exemple. — Désirant savoir l'époque à laquelle Childéric Ier est monté sur le trône, je procède de la sorte : je sais que Pharamond est monté sur le trône en........ 420,

Et qu'il a régné........... 8 ans;

Et Clodion................. 20;

Et Mérovée................ 10.

J'additionne, et je trouve 458, époque de l'avènement au trône du roi suivant, Childéric Ier.

C'est ainsi que l'on trouve les époques des avènemens des rois intermédiaires entre le premier et le dernier de chaque siècle.

DES INTERRÈGNES.

La durée des interrègnes ne doit pas être omise dans ces sortes de supputations; elles tiennent lieu de règnes. Ainsi, entre les rois Tierry II et Childéric III, il y a eu un interrègne de six ans. Pour trouver l'époque de l'avènement au trône de Pépin-le-Bref, on comptera ainsi :

Premier roi du siècle, Dagobert II, roi en............................ 711,

A régné.................... 4 ans;
Chilpéric II.............. 2;
Clotaire IV............... 3;
Thierry II................ 16;
Interrègne................ 6;
Childéric III............. 9.

J'additionne............... 751, date du commencement du règne de Pépin-le-Bref.

De même pour les autres interrègnes.

AUTRES EXERCICES

POUR APPRENDRE LES AVÈNEMENS AU TRÔNE, ET LA DURÉE DES RÈGNES.

La place des tableaux faisant connaître assez facilement les siècles, il n'y aura qu'à considérer les deux derniers chiffres du nombre qui marque les avènemens.

Par exemple : Pharamond étant monté sur le

trône en 420, Clodion en 428, Mérovée en 448, Childéric Ier en 453 et Clovis en 481.

On considérera les nombres 20, 28, 48, 58 et 81.

On cherchera aussi le rapport arithmétique ou géométrique entre ces nombres, pour que ce rapport, comme nous l'avons déjà dit, serve de transition du chiffre connu au chiffre inconnu.

Pratiquer sur ces nombres les trois procédés.

Ces époques bien fixées dans la mémoire, on trouvera, à l'aide d'un léger calcul, la durée de tous les règnes; ce sera la différence d'une époque à l'époque suivante. Les interrègnes ne devront point être omis.

DEVOIRS.

Donner la leçon à rapporter.

CINQUIÈME LEÇON.

EXERCICES GÉNÉRAUX.

Ils consistent à unir tout ce que nous avons étudié, noms des rois, époques des avènemens, durée des règnes, sous le rapport commun qui peut se trouver entr'eux.

1° Considérer à leur place tous les rois qui portent le même nom, tous les Childéric, et puis tous les Clovis, les Clotaire, les Chilpéric, les Charles, les Louis, et exercer sur les mêmes noms les autres procédés.

Pratiquer les mêmes exercices sur les durées

égales des règnes, les mêmes années des avènemens, mais les siècles étant différens, comme sur ces nombres 511 et 711, dates des avènemens au trône, le premier, de Childebert Ier, et le second, de Dagobert II.

Après toutes ces opérations, on entrera encore dans des considérations plus générales pour la durée des règnes, en les classant tous en trois catégories.

Première catégorie. — Règnes de courte durée, depuis un an jusqu'à 10.

Deuxième. — Règnes de durée moyenne, depuis 10 jusqu'à trente.

Troisième. — Et règnes de grande durée, depuis 30 et au-delà.

Premier procédé.

Tous les tableaux étant placés, on fait remarquer aux élèves les règnes de la troisième catégorie. Ce sont : Childebert, 47 ; Clotaire II, 44 ; Charlemagne, 46 ; Charles Ier le Chauve, 37 ; Lothaire, 32 ; Robert, 35 ; Philippe Ier, 48 ; Louis VII, 43 ; Philippe II, 43 ; Louis IX, 44 ; Charles VI, 42 ; Charles VII, 39 ; François Ier, 32 ; Louis XIII, 33 ; Louis XIV, 72 ; Louis XV, 59.

Deuxième procédé.

Retrouver ces nombres à leur place.

Troisième procédé.

Étant déplacés, les replacer.

Mêmes exercices pour les règnes des deux autres catégories.

AUTRE EXERCICE.

Tous les tableaux étant déplacés et mêlés indistinctement, on en tire un au hasard. L'élève doit reconnaître la catégorie et plus le chiffre précis de la durée des règnes.

Répéter cet exercice.

AUTRE MOYEN

QUI MÈNE A LA CONNAISSANCE DES ANNÉES PRÉCISES DES SIÈCLES, ET A LA DURÉE DES RÈGNES.

C'est encore à l'aide d'un nouveau système de localité, et toujours d'après les mêmes principes, que ces abstractions sont rendues très accessibles à la mémoire. (Voir ce système de localité, planche n° 2).

Qu'il s'agisse de fixer dans l'esprit les durées des règnes : 8 ans, 20, 10, 23, 30, 10, 4, 4. Les rois de ces règnes seront placés, le 1er à la 8e, le 2e à la 20e, le 3e à la 10e, etc., place du système de localité. Ainsi des autres.

Procédés.

Pratiquer les trois indiqués.

DEVOIRS.

Rapporter la leçon.

Les exercices que nous avons jusqu'à présent

indiqués nous ont fourni la connaissance de la nomenclature des rois de France dans leurs diverses races et branches, leurs divers numéros d'ordre, l'époque de leur avènement et la durée de leur règne. Ces connaissances, quelques abstraites qu'elles soient, sont cependant de la plus grande importance : elles mettent à l'abri de la confusion. Si on les ignorait, comment établirait-on de l'ordre dans le classement des faits. Tels faits se sont passés sous tel règne, et tels autres sous tel autre règne; mais lesquels les premiers, et quel rapport de temps entre eux? Si au contraire on connaît le rang que chacun de ces deux règnes occupe dans la série royale, ainsi que le chiffre de leur époque, la difficulté sera levée, et une grande lumière paraîtra jetée sur les règnes et les faits; on les distinguera bien rangés selon leur ordre chronologique, et on pourra les comparer sous ce rapport.

Deux faits mis en comparaison, on reconnaîtra tout de suite le plus ancien; on en verra les intermédiaires, les précédens et les suivans. On ne saurait parler d'un roi sans en voir aussitôt la race, la branche, le siècle, l'époque, la durée du règne, les différens numéros d'ordre, etc. Des idées simples, présentes à l'esprit à volonté, réveilleront tous ces souvenirs; l'idée d'une salle, de ses quatre faces, la disposition ordinale des bancs, les places des tableaux, leur position respective seront autant de points de rappel qui susciteront toutes ces idées. Les faits historiques, de quelque nature qu'ils soient, au moyen de ces premières idées, se fixeront bien ordonnés dans la mémoire. L'idée du roi et la place qu'il occupe seront toujours les idées primitives et centrales autour desquelles viendront se grouper toutes celles fournies par les développemens ; c'est ainsi que tous les membres d'une même famille ou d'une société particulière se réunissent en un même lieu sous la présidence d'un chef.

SIXIÈME LEÇON.

EXERCICES POUR L'ÉTUDE DES FAITS HISTORIQUES.

Premier procédé.

Les élèves lisent sur les tableaux qui sont à leur place le sommaire des faits historiques de l'histoire de France, et d'un siècle seulement.

Répéter cette lecture.

Après quelques lectures du sommaire, on en lit les développemens dans le livre d'histoire que l'on aura mis entre les mains des élèves. Après cette lecture, on relit encore le sommaire comme résumé de la lecture faite.

Deuxième procédé.

L'élève va retrouver sur le tableau le fait historique demandé.

Troisième procédé.

Les faits historiques étant écrits un à un ou

deux à deux sur des cartes, et au revers de ces cartes, le nom du roi sous lequel ils ont eu lieu, mêler ces cartes et savoir les placer. Par exemple, on tire la carte qui porte ce fait :

Défaite d'Attila, roi des Huns.

L'élève doit répondre sous Mérovée; ou avec Mérovée, ce qui veut dire : habitant la même case ou place que Mérovée. S'il dit tout autre roi, on retourne la carte et l'on reconnaît l'erreur. Puis, la carte est portée par l'élève lui-même sur le tableau où se trouve le fait. Mêmes exercices pour les autres faits.

Après avoir acquis la connaissance de l'histoire de France pendant un siècle, on pratiquera les mêmes exercices sur les faits qui se trouvent à la colonne, *chronologie générale*, ainsi que sur les hommes célèbres, inventions, découvertes, etc., qui occupent les colonnes suivantes.

Mêmes exercices sur chaque siècle en particulier.

On n'omettra point de faire remarquer les mœurs et coutumes, etc., des diverses races et branches.

DES ANNÉES PRÉCISES.

Désirant conserver le souvenir des dates précises de certains faits historiques, on aura recours au système de localité dont nous avons déjà parlé (planche 2). Qu'il s'agisse de la date 1572, année du massacre de la Saint-Barthélemi : d'après les procédés indiqués, on doit savoir sur quel banc, même sous quel roi ce fait remarquable a eu lieu, et, par conséquent, en quel siècle. Il n'y aura qu'à placer ce fait à la 72e place du système précité, et exécuter les trois procédés.

D'après ces mêmes principes, nous apprenons que telle personne habite telle maison et qu'elle fréquente tel autre lieu commun, comme la place publique, l'église, le collége, etc.

CONSIDÉRATIONS GÉNÉRALES.

Pratiquer les trois procédés sur certains points de ces considérations.

Après avoir étudié de la sorte les faits en eux-mêmes et selon leur ordre chronologique, on en remarquera certains points importans, et on cherchera les rapports qu'ils peuvent avoir entre eux.

1º Ainsi la durée sera considérée en remarquant le commencement et la fin des choses, l'origine d'un peuple et son extinction. L'empire des Lombards a été établi en Italie par Albouin et sous le règne de Chilpéric Ier, le Néron, et détruit par Charlemagne, au milieu de ses grandes conquêtes. Les guerres d'Angleterre ont commencé sous Philippe Ier, roi de France, et ont fini sous Charles VII.

2º L'apparition périodique des faits et personnages : les Normands qui ont tourmenté la seconde race se sont montrés exerçant leurs ravages sous Charles-le-Chauve, Louis-le-Bègue, Louis III et Carloman, Charles-le-Gros, Eudes, Charles III, le Simple, Raoul, et nous ferons cette remarque, qu'en lutte avec les Charles, ils ont été supérieurs, et que combattant avec Louis-le-Bègue, Eudes, Raoul, ils ont été battus et repoussés. Guillaume, archevêque de Tyr, a figuré dans la troisième et quatrième croisades ; dans la troisième comme guerrier, et dans la quatrième comme instigateur.

3° Les similitudes et les analogies dans les noms : Manuel Commène, empereur grec, a participé à la seconde croisade, et Manuel Commène, fils d'Isaac-l'Ange, à la quatrième.

4° Les causes et résultats des événemens : les croisades ont été provoquées dans un esprit religieux, entreprises et exécutées par l'enthousiasme, et ont eu les grands résultats, d'émanciper les nations, d'étendre les idées, de faire passer dans l'Occident le goût oriental, d'affaiblir le régime de la féodalité, etc.

5° Unir les faits qui ont eu des causes et des résultats identiques : les causes des guerres d'Angleterre sont la défense de certains droits, l'intérêt des princes ; les mêmes causes ont occasionné celles d'Italie.

Les résultats des premières ont été avantageux à la France ; car elle reconquit ses provinces sur les Anglais; la royauté se fortifia, ce qui affaiblit encore le régime féodal (voir l'histoire de France de Michelet). Les résultats de celles d'Italie, bien que désastreuses et coûteuses pour la France, ne lui furent pas cependant tout-à-fait désavantageux : elles occasionnèrent un accroissement de civilisation; le goût des arts, du luxe, de l'élégance passa en France, et les idées se communiquant alors par le moyen de l'imprimerie, s'excitèrent mutuellement, s'étendirent et jetèrent enfin leur plus grand éclat sous le règne de Louis XIV.

Au milieu de ces observations, on ne doit point laisser sans remarque que les guerres par elles-mêmes sont des fléaux pour l'humanité, et qu'elles doivent être considérées comme des immolations des nations vivantes, pour l'avantage bien qu'incertain des générations futures, et que souvent le mal l'emporte sur le bien.

6° Unir les rapports d'identité des grandes destinées.

Descartes, le premier des modernes qui ait osé aborder le sanctuaire d'une nouvelle philosophie, se vit long-temps accablé d'insultes et de persécutions. Jean-Baptiste Rousseau subit le bannissement. Jean-Jacques Rousseau eut souvent à lutter contre les nécessités de la vie, et entouré d'ennemis dès qu'il eut répandu ses idées neuves et profondes, il est obligé de s'enfuir. Voltaire est d'abord conduit à la Bastille; et s'il a vu sa tète couronnée de lauriers, ce n'est pas sans avoir bu plus d'une fois dans la coupe de l'amertume. Racine meurt de chagrin pour avoir déplu à son prince. Malfilâtre va finir ses jours dans un hôpital. Henri IV est percé d'un poignard. Louis XVI périt sur l'échafaud; et le Grand-Homme, après avoir rempli l'univers de son nom, tombe du haut de sa grandeur, et, victime de la perfidie, est jeté, pour qu'il y meure, sur un roc séparé du monde. Et si nous parcourons les anciens, que d'exemples nombreux de tristes destinées! Pline devient la proie d'un volcan; Ovide exilé va pousser sur les bords de la mer Noire les accens de sa tristesse; Lucrèce, devenu frénétique par suite d'un philtre que sa trop affectueuse Lucilia lui fit prendre pour se l'attacher davantage, se donne lui-même la mort; Socrate accusé par des gens méprisés, des gens de néant, est condamné à boire la ciguë; Archimède est tué sur ses opérations mathématiques par un soldat brutal; Euripide est attaqué et mangé par des chiens; Sénèque, forcé de choisir son genre de mort, a les veines percées, et comme il mourait trop lentement, il est étouffé dans un bain chaud; César est assassiné en plein sénat, et Cicéron, après avoir fourni la plus brillante carrière, est mis en pièces par des assassins, et sa tête est suspendue à cette même tribune qui avait retenti si long-temps de sa prodigieuse éloquence.

C'est ainsi, qu'en parcourant les faits de ce genre, on arrive à cette proposition : qu'en général les grands malheurs marchent à la suite des grands noms.

C'est par ces considérations qu'on apprécie justement les faits, qu'on généralise les idées, et qu'on les simplifie. C'est ainsi que l'on se met à même de porter des jugemens et d'établir des raisonnemens. Connaître bien les choses en elles-mêmes et les mettre en rapport, voilà les premières opérations du logicien ; puis le raisonnement peut s'exercer et s'étendre avec tout l'avantage possible. Ce n'est pas tant les faits qu'il importe de connaître en eux-mêmes; mais l'instruction que l'on en peut tirer; la science morale qui forme l'homme et qui lui apprend la règle qu'il doit suivre et le caractère qu'il doit prendre au milieu des événemens humains, voilà le but important des études en histoire. Mais la science des faits lui est indispensable. Il faut qu'il les connaisse tels qu'ils ont été, sans quoi ses raisonnemens porteraient sur des mensonges et le rempliraient de faussetés. La connaissance exacte des choses et de leurs rapports sont les seuls et vrais matériaux de l'homme qui raisonne.

EXERCICES.

GENRE DRAMATIQUE.

Le genre narratif que nous venons de démontrer a bien ses avantages et son attrait. Celui-ci ne sera ni moins instructif ni moins amusant. D'abord, il donnera lieu à un plus grand développement d'activité, et de là peut-être impressions plus vives et plus nombreuses, et par conséquent plus grande acquisition de connaissances. Ce genre conviendra surtout au naturel des enfans qui aiment le mouvement, l'action; et ils l'aiment sans doute parce qu'un tel état est demandé par leurs dispositions organiques; aussi, dans l'invention d'une méthode, devrait-on toujours tenir compte des facultés physiques et les concilier avec les facultés intellectuelles; car celles-ci ne se développent autant qu'elles en sont susceptibles que lorsque les premières sont satisfaites, qu'elles sont exercées convenablement à leur nature.

Le genre dramatique que nous allons indiquer remplira toutes ces conditions. Fournissant à la jeunesse un appât que demande en elle un besoin physique, ce genre ne pourra que développer ses dispositions naturelles. C'est toujours en présentant aux sens des objets sensibles qu'on cherche à les exciter: corps saisissables, acteurs réels, actions, gestes, voix, déplacemens, tout va être mis en usage dans le genre qui nous occupe et dont nous allons en faire voir une application nouvelle.

(Il faut au moins 25 élèves pour pratiquer ce

genre, car il est assez que chacun joue le rôle de 3 rois différens).

Tous les rois de France représentés par la personne des élèves racontent eux-mêmes leurs propres actions et les événemens de leurs règnes. Je feins de procéder : 22 rois composant la première race dite mérovingienne, je prends 22 élèves pour les représenter. Dans la distribution des rôles, je consulte l'air, l'expression de l'individu pour faire représenter chaque roi par un acteur qui lui ressemble le plus par son extérieur, son caractère. J'imite en cela un distributeur judicieux des rôles dans une pièce dramatique, qui fait en sorte que le personnage représenté se retrouve autant que possible dans la taille, le geste, le caractère de l'acteur. Par exemple : je ferai représenter Clovis par un élève actif, intelligent, d'un air ambitieux et même cruel; Thierry, par un élève plein de douceur, ami de la paix; Pepin-le-Bref, par un élève de petite taille, mais de forte constitution et d'une humeur active et audacieuse; Charlemagne, par un élève de belle taille et d'un air de dignité. On trouvera dans des traités d'histoire de France le portrait de chaque roi sous le rapport moral et physique.

J'apporte la même précaution dans la distribution des rôles pour la deuxième et troisième race.

PREMIÈRE LEÇON.

Voilà donc nos acteurs choisis. Maintenant je

dis à mes élèves, qui sont acteurs et spectateurs à la fois : Considérez, messieurs, les quatre faces de la salle; voilà celle du nord, celle de l'est, celle du sud et celle de l'ouest; eh bien, la première race sera placée au nord, la deuxième race à l'est, la première branche de la troisième au sud, les trois suivantes seront placées..... (Voir la planche nº 1.)

Voici d'abord comment je vais vous échelonner vers le point cardinal nord.

Même placement pour les élèves acteurs que pour les tableaux dans le genre narratif.

Les rois seront divisés par siècles et par deux, par trois, etc., dans les siècles.

Ils occuperont aussi différens degrés en hauteur : ce qui est facile à obtenir en faisant tenir les uns debout, asseoir et monter les autres sur des bancs ou chaises. (Voir le système de localité.) Cette diversité de position est nécessaire pour rompre l'uniformité qui pourrait donner lieu à quelque méprise. Au reste, d'après nos principes, il faut des places bien distinctes entr'elles.

Les acteurs, disposés de la sorte, figurent la chaîne royale selon l'ordre de succession. Ce sont les rois eux-mêmes ressuscités qui viennent nous apprendre de leurs bouches l'histoire des événemens passés sur leur règne en France et ailleurs. Ce qu'ils vont nous dire sera donc bien intéressant, puisque, juges impartiaux d'eux-mêmes, ils se feront connaître à nous tels qu'ils ont été, nous avouant leurs vices, leurs vertus, leurs erreurs et leurs connaissances, se caractérisant fidèlement, en un mot, sous le rapport moral et intellectuel; puisqu'ils nous raconteront encore les événemens dont ils auront été témoins, et arrivés en Angleterre, en Espagne, en Portugal, dans l'empire d'Orient, etc.

Mais, avant d'en venir à l'étude des faits proprement dits, nous allons nous occuper de celle des divisions par races, branches, siècles, dénominations, numéros d'ordre, dates, en un mot, des articles, nomenclature et chronologie, préliminaires indispensables à l'étude des faits.

Le maître fait bien reconnaître à ses élèves les diverses races et branches avec le nombre des rois dans chacune d'elles, en pratiquant les trois procédés indiqués :

Premier. Les reconnaître à leur place.

Deuxième. Savoir les y retrouver.

Troisième. Et savoir les y replacer.

Pour le premier procédé, le maître nomme la race ou branche avec le chiffre de ses rois, et puis les acteurs disent à haute voix : Nous comptons telle race ou branche....... et nous sommes tant de rois.

DEUXIÈME LEÇON.

DIVISION PAR SIÈCLES ET ÉPOQUES.

La même et mêmes procédés que les précédens.

TROISIÈME LEÇON.

NOMENCLATURE DES ROIS.

Premier procédé.

Les rois de chaque siècle en particulier se nomment eux-mêmes successivement à haute voix, en prononçant leur surnom. Quant aux adjectifs qui sont entre deux paranthèses sur les tableaux, on ne les prononce pas. Leur usage, c'est de faire perdre aux noms des rois leur abstraction, en exprimant une de leurs qualités.

Deuxième procédé.

Savoir les reconnaître à leur place.

Troisième procédé.

Étant déplacés, savoir les replacer.

Pratiquer les mêmes procédés sur l'ensemble des rois d'une race, et puis sur la totalité des rois de toutes les races, (s'il y a autant d'acteurs que de rois).

EXERCICES DIVERS.

Les rois de deux siècles changent de place ; un élève, qui n'a point vu ce déplacement, doit le reconnaître.

Deux rois seulement de deux siècles changent de place. Reconnaître ce déplacement.

Tous les acteurs quittent leur place ; un élève parcourt les places vacantes, et dit : Voilà la place de tel roi, de tel autre, etc.

QUATRIÈME LEÇON.

DES AVÉNEMENS ET DE LA DURÉE DES RÈGNES.

Pratiquer les trois procédés sur les dates des avénemens du premier et dernier règne de chaque siècle, et puis sur le chiffre de la durée des règnes suivant toujours le même ordre, d'abord siècle par siècle, puis par race, et enfin sur la totalité des règnes.

Afin de faciliter le souvenir des chiffres qui marquent la durée des règnes, on les liera par les rapports arithmétiques ou géométriques que l'on reconnaîtra entr'eux. (Voir les observations à ce sujet dans le genre narratif.)

Néanmoins en voici un exemple : ce sont les rois du huitième siècle. Dagobert II dira : j'ai régné quatre ans ; et moi un an et demi, dira Clotaire IV ; et moi trois ans, dira Chilpéric II, un de moins que Dagobert II ; et moi dix-sept ans, dira Thierry II, presque six fois autant que mon prédécesseur ; et moi neuf ans, dira Childéric III, trois fois autant que Chilpéric II. Un interrègne de six ans me sépare de mon prédécesseur ; ainsi des autres.

Connaissant la durée des règnes et des interrègnes, on trouvera, à l'aide d'une petite addition, l'époque de tous les avénemens, comme il a été démontré dans le genre narratif.

On peut aussi pratiquer les trois procédés sur les chiffres de tous les avénemens ; et, connaissant ces chiffres, on trouvera, à l'aide d'un léger calcul, la durée de tous les règnes. Dans le premier procédé, le roi lui-même prononce le chiffre.

EXEMPLE.

La place qu'occupent les rois faisant connaître facilement le siècle auquel chacun d'eux appartient, il n'y aura qu'à considérer les deux derniers chiffres du nombre qui marque l'avénement. Ainsi, Pharamond prononcera 420 en passant légèrement sur le nombre 4, et prononçant fortement le nombre 20. Ainsi des autres.

Pratiquer sur ces deux derniers chiffres les trois procédés.

DES CATÉGORIES.

Après ces exercices, on établit les trois catégories qui deviennent l'objet des trois procédés indiqués.

Le premier s'exécute de la sorte par les acteurs.

ROIS DE LA PREMIÈRE CATÉGORIE.

Pharamond : J'appartiens à la première catégorie, car je n'ai régné que huit ans.

Mérovée : J'appartiens à la première catégorie, car je n'ai régné que dix ans. Ainsi des autres.

GRAND EXERCICE.

Un bandeau est appliqué sur les yeux d'un élève, un roi se présente à lui, fait entendre le son de sa voix. L'élève devra le reconnaître avec toutes ces dénominations : qu'il appartient à tel siècle, qu'il a succédé à tel roi, qu'il est précédé de tel autre, qu'il est monté sur le trône en telle année, qu'il en a régné tel nombre; ayant tel numéro d'ordre dans la série totale, dans la race et siècle. Si l'élève ne fait faute, le bandeau lui est ôté et est appliqué à un autre.

CINQUIÈME LEÇON.

EXERCICES GÉNÉRAUX.

Ces exercices s'exécutent en pratiquant les trois procédés sur les noms des rois, les deux derniers chiffres des avénemens, les durées des règnes, qui se trouvent unis par des rapports d'identité. (Voir ce qui a été dit à ce sujet dans le genre narratif.)

SIXIÈME LEÇON.

FAITS HISTORIQUES.

Voici maintenant le lieu d'entrer dans la connaissance des faits. Les rois vont donc prendre la parole et nous instruire eux-mêmes de leurs propres actions et des événemens de leur règne. Ils se peindront, se caractériseront aussi dans leur narration, nous faisant connaître leur véritable état moral, leur capacité et leurs mœurs. Nous allons donc entendre autant de narrations qu'il y a de rois, offrant chacune un portrait empreint d'un caractère particulier. Mais par qui seront comparées ces narrations? Nous proposons de les faire rédiger par les élèves. Ce travail leur sera d'autant plus instructif qu'ils seront obligés d'étudier avec plus de soin l'histoire du règne qui leur sera répartie. Ils auront d'ailleurs sur leur tableau, avec leur chronologie, le sommaire des événemens qu'ils devront développer. Leur rédaction doit être l'histoire fidèle, offrant les portraits les plus exacts. Les élèves des classes supérieures, même ceux de quatrième, et les élèves des écoles primaires, qui auraient quelque esprit et quelques connaissances de leur propre langue, seraient capables de ce travail. Ils pourraient même rédiger les narrations de leurs condisciples les plus faibles. Au reste, ils auront un maître qui les guidera dans ces sortes de compositions.

Voici les règles à observer :

1° Bien saisir le caractère, le moral du roi, le peindre dans la narration.

2° Développer les grands événemens avec clarté, précision et brièveté, en marquer les causes et les effets.

3° Passer légèrement sur les faits de peu d'importance.

4° Jeter dans ces narrations des réflexions morales, politiques, et quelquefois plaisantes, selon la nature du sujet, et cela, pour caractériser quelque point d'histoire, afin de l'imprimer plus fortement dans la mémoire ; en un mot, chercher à rendre frappantes les choses qui doivent fixer plus particulièrement l'attention.

5° Faire précéder la narration du règne d'une conclusion en peu de mots ou l'exposer à la fin.

Telles sont les règles générales à suivre dans la composition de ces narrations.

Si ce travail se trouvait au-dessus de la capacité des élèves, ce qui peut avoir lieu dans une école primaire, il est d'autres moyens de leur faire raconter leur propre histoire : on prend un abrégé d'histoire de France, et les élèves, aux pronoms de la troisième personne, substitueront ceux de la première : ce seront encore les rois eux-mêmes qui parleront ; ou bien de faire usage du mode d'interrogation, et de donner les réponses du livre aux questions même du livre, en substituant toujours les pronoms de la première personne à ceux de la deuxième.

Enfin, le plus facile des moyens, mais qui rentre en partie dans le genre narratif, c'est de faire lire par chaque acteur l'histoire du roi qu'il représente, parlant de lui-même comme d'une troisième personne.

Reste à parler de l'ordre selon lequel on fera narrer les rois : d'abord ils feront l'histoire de leur règne selon l'ordre de succession, et siècle par siècle. Les exercices suivans fixeront mieux que toute autre explication.

EXERCICES.

Premier procédé.

Pharamond lit ou récite ce qui est écrit sur son tableau, en ces termes :

Je suis Pharamond, roi 420; on me croit fils de Théodomir, auquel je succédai.

Domination des Francs dans la Gaule; la puissance des Romains s'y affaiblit. On m'attribue la publication de la loi salique qui exclut les femmes du trône. *(Faits des grands tableaux.)*

Puis il donne les développemens de ces faits par un des trois moyens indiqués.

Tous les rois du cinquième siècle donnent ainsi successivement le sommaire des faits de leur tableau, et puis chacun d'eux les développe.

Mais tous les rois seront-ils les propres narrateurs de leur vie et des événemens de leur règne? Non : les plus remarquables seront exempts de cette obligation : ce sera un hommage rendu à leur dignité, à leur grandeur. Ils donneront seulement le sommaire des faits de leur règne, et puis ils diront : lisez mon histoire. Le maître ou un élève désigné pour lecteur, en lira les développemens; et à mesure que les élèves entendront le récit des faits, ils les rattacheront avec grand succès au règne sous lequel ils auront eu lieu; puisqu'ils verront les rois. Ainsi ils les classeront sans peine à leur époque, leur race, leur branche, etc.

Les rois qui jouiront de ce privilége, seront: Charlemagne, Philippe II, Auguste, Saint Louis, Louis XI, Louis XII, Henri IV, Louis XIV, Napoléon, Louis XVIII et Louis-Philippe.

Des lectures seront également faites sur les autres règnes.

Après avoir entendu de la bouche du roi lui-même le récit de ses actions et des événemens de son règne, on en lira une histoire plus développée. Cette lecture sera d'autant plus profitable et intéressante, que l'on en connaîtra déjà la substance; que l'on aura sous les yeux la race, la branche, le roi auxquels il faudra les rapporter.

Deuxième procédé.

Retrouver les faits énoncés simplement.

Troisième procédé.

Ces faits étant écrits sur des cartes, les rendre au roi auquel ils appartiennent; le revers des cartes où seront écrits les noms des rois fera connaître les erreurs.

Mêmes procédés sur les autres colonnes des tableaux; si du moins on fait marcher les histoires contemporaines concurremment avec l'histoire de France.

EXERCICES DIVERS.

Un roi fait son histoire; un élève sur les yeux duquel on aura appliqué un bandeau devra le reconnaître.

AUTRE.

Un roi rapporte seulement quelques faits de son règne; l'élève reconnaîtra sous quel roi.

AUTRE.

Plusieurs rois donnent ensemble quelques faits de leur règne; savoir rapporter ces faits chacun à son règne.

Mêmes exercices sur chaque siècle en particulier; et puis sur l'ensemble des règnes de tous les siècles.

(S'adresser toujours à un élève qui ne fait qu'entendre.)

Un roi, n'importe de quel siècle, fait son histoire; l'élève doit le reconnaître.

AUTRE.

Un roi donne sans les développer quelques faits de son règne; savoir les rapporter à son règne.

AUTRE.

Plusieurs rois de siècles différens donnent chacun un fait de leur règne; savoir rapporter ces faits chacun à son règne.

CONSIDÉRATIONS GÉNÉRALES.

Elles consistent à faire les observations comparatives que nous avons indiquées dans la première partie (voir page 36.)

Nous avons démontré dans la théorie de la méthode que les objets matériels, les corps, les formes, les rapports physiques, affectaient le plus vivement nos sens, et que de là nos souvenirs devenaient plus nombreux et plus durables; que l'idée des personnes que nous avions fréquentées restait dans notre mémoire avec celle de leurs manières d'être, habitudes, lieux d'habitations, parens, amis, etc. N'est-ce pas ce qu'il s'agit d'apprendre dans la personne de nos acteurs? Ce sont autant d'individus qui se montrent à nous sous leurs diverses formes; on les voit, on les entend; ils se manifestent sous leurs diverses expressions; ils font entendre leur voix avec ses divers accens; ils tiennent toujours le même langage, occupent toujours le même lieu et se trouvent dans des rapports d'ordre toujours les mêmes avec ce qui les suit et ce qui les précède. Voilà donc toutes les conditions réunies pour faire éprouver à nos sens de fortes impressions; voilà ce qui fournit à notre mémoire des connaissances nombreuses, presque indélébiles, et d'acquisition facile. C'est absolument des personnes parmi lesquelles nous vivons qu'il s'agit de connaître dans tous leurs rapports et selon toutes leurs manières d'être.

EXERCICES.

CHAPITRE II.

SECONDE PARTIE.

GENRE NARRATIF.

Application à l'histoire sacrée, à celle de l'église jusqu'à Pharamond, et aux histoires qui en sont contemporaines.

Nous avons dit que nous divisions l'histoire générale en deux grandes périodes. La première depuis la création jusqu'à Pharamond, et l'autre depuis ce prince jusqu'à nos jours. Nous avons vu les procédés pour l'étude de cette dernière; nous allons nous occuper de la première. Rappelons-nous qu'il est une histoire particulière à laquelle sont rapportées toutes les autres qui lui sont contemporaines. Cette histoire, terme de comparaison, c'est l'histoire sainte, à la suite de laquelle, pour arriver à Pharamond, est ajoutée une partie de l'histoire de l'église.

Le système de localité établi pour représenter cette longue période historique est figurée sur la planche n° 3. Il suffit d'y jeter les yeux pour en avoir une idée claire, entière, et telle qu'une longue explication ne saurait donner.

Nous avons aussi expliqué la composition des tableaux : ils représentent chacun un siècle, à l'exception de quelques-uns, et sont supposés divisés en trois parties. Dans la première sont les événemens arrivés dans les premiers 30 ans; dans la deuxième, ceux arrivés dans les 40 suivans; et dans la troisième, ceux arrivés dans les trente derniers.

A chaque tableau est marqué un grand fait historique. Ce fait est pris pour centre autour duquel sont supposés groupés tous ceux arrivés dans le même siècle.

Voici la liste de ces faits :

PREMIÈRE ÉPOQUE.

40e *siècle avant Jésus-Christ.* — La création, 3984. Adam, Eve, Caïn, Abel et Seth.

DEUXIÈME ÉPOQUE.

24e *siècle.* — Le déluge, 2348 ans avant Jésus-Christ. Noé, Sem, Cham et Japhet.

23e *siècle.* — Héber, fils de Salé...... 2267.

22e *siècle.* — La tour de Babel; dispersion des enfans de Noë.............................. 2176.

21e *siècle.*—Abraham naît en Caldée. 2042.

TROISIÈME ÉPOQUE.

20e *siècle.* — Vocation d'Abraham.. 1962.

19e *siècle.* — Jacob ou Israël et Esaü. Origine de la circoncision.......................... 1862.

18e *siècle.* — Joseph, l'un des douze fils de Jacob, est vendu par ses frères et conduit en Egypte.. 1750.

17e *siècle*. — Moïse sauvé des eaux par la fille de Pharaon.................................. 1611.

QUATRIÈME ÉPOQUE.

16e *siècle*. — Vocation de Moïse...... 1531.

15e *siècle*. — Josué ; passage du Jourdain ; entrée en Palestine ; prise de Jéricho...... 1491.

14e *siècle*.—Débora, prophétesse ; elle délivre les Israélites de l'oppression des Chananéens... .... 1301.

13e *siècle*. — Gédéon ; victoire sur les Madianites.. 1254.

12e *siècle*. — Samson ; sa mort........ 1135.

CINQUIÈME ÉPOQUE.

11e *siècle*.—Saül sacré roi par Samuel. 1095.

10e *siècle*. — Schisme des douze tribus ; roboam premier roi de Juda peu capable. 975.

9e *siècle*. — Joram........,........... 885.

8e *siècle*. — Ezéchias pieux et grand. 728.

7e *siècle*. — Joachim détrôné et captif ; commencement des 70 semaines de Jérémie. 608.

SIXIÈME ÉPOQUE.

6e *siècle*. — Retour en Judée sous la conduite de Zorobabel, gouvernement des pontifes.................... .... 538.

5e *siècle*.—Néhémias rebâtit Jérusalem. 455.

4e *siècle.* — Alexandre-le-Grand prend Jérusalem.. 431.

3e *siècle.* — Version des septante par ordre de Ptolémée-Philadelphe.................... 280.

2e *siècle.* — Martyre d'Eléazar; martyre d'une mère et de ses sept enfans............... 169.

SEPTIÈME ÉPOQUE.

1er *siècle.* — Naissance de Jésus-Christ. 1.

Siècles après Jésus-Christ. — 1er *siècle.* — St-Pierre que Jésus-Christ choisit pour être le chef de son église.

2e *siècle.* — St-Victor 1er............... 393.

Cinquième persécution................ 194.

3e *siècle.* — Septième persécution.... 250.

St-Corneille.............................. 251.

4e *siecle.* — St-Libère, exilé........... 352.

PREMIÈRE LEÇON.

(Le maître à ses élèves).

Nous allons maintenant, messieurs, nous occuper de l'histoire, depuis la création jusqu'au premier roi de France, Pharamond. Vous voyez des rangées de petits tableaux à chaque face de la salle. Vous en comptez dix au nord, dix à l'est, cinq au midi et quatre à l'ouest. Chacun représente un siècle, à l'exception du premier qui représente 1584 ans. (Voir la planche nº 3 pour la disposition ordinale des tableaux.)

Puis le maître fait remarquer les grandes époques qui divisent la suite de l'Histoire-Sainte.

La première, c'est la création ;

La deuxième, le déluge ;

La troisième, la vocation d'Abraham ;

La quatrième, Moïse ou le gouvernement des Juges ;

La cinquième, Saül ou le gouvernement des rois ;

La sixième, la captivité de Babylone et le gouvernement des pontifes ;

La septième, la naissance de Jésus-Christ jusqu'à Pharamond.

On exerce les élèves à bien reconnaître ces époques qui sont marquées sur les tableanx. A cette fin, on pratique les trois procédés.

Premier procédé.

Reconnaître chaque époque à sa place avec sa date.

Deuxième procédé.

Savoir les y retrouver.

Troisième procédé.

Savoir les replacer, et les nommer selon leur ordre de succession et *vice versâ.*

DES NUMEROS D'ORDRE.

QUESTIONS A FAIRE.

Quel est le numéro d'ordre de telle époque?

Quelles sont celles qui l'ont précédé et celles qui l'ont suivi?

A quelle époque correspond tel numéro d'ordre?

Comme ces numéros sont peu nombreux, ils seront appris dans quelques minutes.

DES IDÉES PRIMITIVES.

Les idées primitives dont la fonction est de servir de centre à d'autres idées et de les rappeler, sont : 1º l'idée de la place; 2º un grand personnage ou un fait historique.

Ces deux idées, dont la première est simple par sa nature, et toutes les deux dans leur énoncé, doivent donner lieu aux premiers exercices.

Premier procédé.

Tous les tableaux étant placés, étudier à leur place les faits historiques qui sont les idées primitives.

Deuxième procédé.

Savoir les y retrouver.

Troisième procédé.

Savoir les y replacer.

On en verra le développement dans le premier procédé.

Ces procédés se pratiquent d'abord sur les cinq idées primitives des cinq premiers tableaux, à partir de l'origine du monde, puis sur les cinq idées suivantes, etc., ou époque par époque.

DES NUMÉROS D'ORDRE ET DATES DES IDÉES PRIMITIVES.

Questions : Quel est le numéro d'ordre de telle idée primitive, c'est-à-dire de tel fait ou personnage.

A quel fait ou personnage répond tel numéro?

Quels sont les faits intermédiaires entre tel et tel autre fait? En quelle année a eu lieu tel fait, etc.

Quel est le fait de telle année?

Comme ces faits sont peu nombreux, il sera très-facile de répondre à ces questions.

DEUXIÈME, TROISIÈME LEÇON, ETC.

Connaissant l'ordre successif des idées primitives et leur développement, on exécutera les trois procédés sur les autres faits historiques; d'abord sur la colonne de l'histoire sainte, et puis sur les autres, et toujours cinq par cinq tableaux ou époque par époque. Le développement des faits fera toujours partie du premier procédé, après lequel on fera les questions suivantes: En quel siècle et autour de quelle idée principale se trouve tel fait? Je suppose : 525, Cambyse soumet l'Egypte? *R.* Dans le 6e siècle avant Jésus-Christ, et autour de l'idée primitive : Retour des Juifs en Judée. L'élève pourra même ajouter vers le commencement du siècle; car la partie du tableau où se trouve écrit le fait le fera reconnaître. Ainsi des autres faits.

Troisième procédé.

Les faits étant écrits sur des cartes, on en tire une au hasard. Savoir la rapporter à son siècle, à sa partie du siècle et autour de son idée centrale. Le revers de la carte fera connaître l'erreur ; car l'idée centrale ou primitive doit y être marquée.

Considérations générales. *Voir page* 36.

EXERCICES.

GENRE DRAMATIQUE.

Le genre dramatique peut être pratiqué dans l'étude de l'histoire ancienne, et voici de quelle manière.

Les vingt-neuf faits historiques que nous avons choisis pour servir d'idées centrales aux événemens passés depuis la création jusqu'à Pharamond, étant tous présidés ou conduits par un grand personnage, nous prendrons ces grands personnages pour acteurs. Ils nous apprendront eux-mêmes leur propre vie et tous les événemens de leur siècle. Ces nouveaux acteurs joueront donc le même rôle pour nous apprendre l'histoire ancienne que les rois de France pour nous apprendre l'histoire du moyen âge et moderne. Mêmes considérations dans la distribution des rôles que pour les rois de France, c'est-à-dire que le caractère de l'acteur se rapprochera, autant que possible, du personnage qu'il devra représenter.

Ces acteurs seront disposés vers les quatre faces de la salle de la même manière que les tableaux dans le genre narratif. (Voir le système de localité, planche n° III.)

Voici la liste des personnages à représenter correspondans aux siècles dans lesquels ils ont vécu.

Adam........................... 40.
Noé............................ 24.
Héber.......................... 23.
Tharé.......................... 22.
Abraham........................ 21.
Abraham........................ 20.
Jacob.......................... 19.
Joseph......................... 18.
Joseph......................... 17.
Moïse.......................... 16.
Josué.......................... 15.
Débora......................... 14.

Gédéon	13.
Samson	12.
Saül	11.
Roboam	10.
Joram	9.
Ézéchias	8.
Joachim	7.
Zorobabel	6.
Néhémias	5.
Alexandre-le-Grand	4.
Ptolémée Philadelphe	3.
Éléazar (martyr)	2.
Jésus-Christ	1.

SIÈCLES APRÈS JÉSUS-CHRIST.

Saint Pierre	1.
Saint Victor	2.
Saint Corneille	3.
Saint Libère	4.

Ces personnages raconteront leur propre histoire et celle de leur siècle. Mais quelques-uns seront exceptés de cette obligation : ceux que l'on connaît peu, comme Héber, Tharé, etc.; et certains grands personnages, comme Moïse, Alexandre-le-Grand ; ajoutons-y Jésus-Christ.

Les élèves composeront eux-mêmes ces narrations historiques. (Voir les règles à observer dans les rois de France, page 49.)

Ou bien ils donneront celles du traité d'histoire

dont ils se serviront en substituant aux pronoms de la troisième personne ceux de la première, quand ils parleront d'eux-mêmes.

Ou bien enfin en lisant textuellement ces narrations dans leur traité, parlant d'eux-mêmes comme d'une troisième personne.

Même ordre à suivre dans ces nouvelles études que celui indiqué dans le genre narratif; c'est-à-dire que les acteurs, chargés de rapporter les événemens de chaque époque en particulier, prendront la parole successivement à partir de l'origine du monde, rapportant d'abord les événemens de l'histoire sainte et puis ceux des autres colonnes. Il n'est pas nécessaire de donner le détail des exercices; ils sont les mêmes que les précédens. Ils se pratiquent sur les divisions par époques, sur leur numéro d'ordre; les idées primitives, leur numéro d'ordre, leur date; sur les faits historiques de l'histoire sainte, etc.

Au moyen des connaissances historiques que l'on aura acquises dans les exercices du genre narratif seulement, il n'est point de fait historique, de quelque nature et de quelque époque qu'il soit, qui ne puisse être ajouté aux groupes déjà formés; car on verra dans sa pensée une série de groupes d'idées, un groupe par siècle, depuis l'origine du monde jusqu'à Pharamond; et depuis ce prince, un groupe par règne de roi de France jusqu'à nos jours.

Ouvrant un traité d'histoire ou une biographie

quelconque, on tombe au hasard sur un fait historique ou grand personnage, par exemple : *Judith tue Holopherne.* Consultant l'époque de ce fait, on trouve qu'il eut lieu vers le milieu du septième siècle avant Jésus-Christ. Cherchant dans sa pensée la place du tableau du septième siècle avant Jésus-Christ, on se rappelle quelque fait de ce siècle, comme l'idée principale : *Joachim captif. Commencement des* 70 *semaines de Jérémie.* Ou d'autres, comme : *Fondation de Byzance*, etc., et on rapporte le fait nouveau parmi ces faits et dans le septième siècle.

Ségrais, poète, mort en 1701. On cherche dans sa pensée le roi de France qui régnait alors; c'était Louis XIV. On rattache le poète sous ce règne. C'est ainsi qu'on unit les contemporains et qu'on les classe à leur siècle ou règne.

CHAPITRE III.

APPLICATION A LA GÉOGRAPHIE.

Pour étudier cette science selon notre méthode, il n'est pas nécessaire d'établir de nouveau système de localité ; il en est un établi tout naturellement, bien étendu, varié et très irrégulier. Le globe, s'étendant en formes immenses, profondes, élevées, coupées de mille façons, présente un cadre divisé et subdivisé de la manière la plus bizarre, expose l'ensemble d'une infinité de places toutes différentes entr'elles. Voilà le système de localité, les objets physiques sur lesquels nous devons rattacher une foule de noms abstraits par le moyen encore du rapport de contiguité.

Si la réminiscence des mots dépend de la réminiscence des objets et *vice versâ*, nous devons nous attendre à trouver plus de difficulté dans l'étude de la géographie que dans celle de l'histoire, attendu que l'idée des lieux plus nombreux et plus irréguliers que les places marquées sur nos systèmes de localité à l'usage de l'histoire, nous viendra à l'esprit plus difficilement, et que les termes géographiques, tous noms propres et pour la plupart très bizarres, se reproduiront à notre souvenir moins heureusement que les termes historiques. Cependant quels progrès rapides ne voit-on pas faire dans cette science par les plus jeunes intelligences! Quels seront donc ceux que l'on obtiendra dans l'étude de l'histoire par le moyen de notre méthode? et ceux dans l'étude de la géographie, puisque nous avons fait espérer de les accélérer?

EXERCICES.

Ils découlent toujours de nos principes :

1° Considérer les lieux dans leur position respective, et selon tous les points de vue qu'ils peuvent présenter.

2° Savoir retrouver ces lieux.

3° Étant déplacés, savoir les replacer.

Pour la pratique de ce dernier procédé, il faut que les cartes soient découpées.

Et pour ce qui est noms de villes, de rivières, etc., ces noms doivent être écrits sur des cartes, et replacés sur leurs lieux.

DES NOMBRES A RETENIR EN GÉOGRAPHIE, COMME, PAR EXEMPLE, CEUX FOURNIS PAR LA POPULATION.

Établissons d'abord cette règle :

Les passages des lieux sur le système de localité, planche n° II, signifieront des centaines de millions ou de mille; et leur placement dans les cases, des dixaines et des unités de millions ou de mille.

EXEMPLES.

	Population.
Europe.............	228,000,000.
Asie.................	390,000,000.
Afrique.............	60,000,000.
Amérique..........	39,000,000.
Océanie............	21,000,000.

On fera passer le mot Europe en réalité ou par la pensée sur le système de localité aux 100 places, planche n° II. Ce premier passage signifiera un cent million.

Le faisant passer une seconde fois, on aura un autre cent million; et puis, jetant le mot à la vingt-huitième case, on aura les 228,000,000. Comme la population de ces grandes parties du monde ne se compte que par millions, on ne saurait faire de méprise.

Ainsi l'Asie passera trois fois sur le système; et puis sera jetée à la quatre-vingt-dixième case.

L'Afrique sera jetée directement à la soixantième. Ainsi des autres.

De même de la population des grandes contrées du monde, comme de la France, de l'Espagne, etc.

S'il était question de mille, comme dans de petites contrées, de la Suisse, par exemple, il faudra procéder de la sorte :

Suisse : 1,980,000.

Elle sera jetée d'abord à la première case, ce qui signifiera : 1 million. Puis on la fera passer sur ce système 9 fois, ce qui signifiera 9 cent mille, et puis elle sera jetée à la quatre-vingtième case, ce qui signifiera 80 mille. De même pour des nombres semblables.

POPULATION DE DÉPARTEMENS ET DE VILLES.

Gironde, 528,000 habitans.

Passe 5 fois et est jeté à la 28e case.

Paris, 890,000.

Passe 8 et est jeté à la 90e case.

Ainsi des autres.

On ne tient pas compte des nombres au-dessous de mille, à moins qu'ils ne dépassent 500. Dans ce cas on ajouterait un mille de plus. Exemple : le nombre 472,654 deviendrait 473,000 pour obtenir le nombre le plus approximatif.

CONSIDÉRATIONS GÉNÉRALES.

Après avoir considéré les objets géographiques en eux-mêmes, on cherchera les rapports qu'ils peuvent avoir entr'eux. Ainsi on observera en particulier toutes les contrées situées sous la zône torride; puis celles situées sous la zône tempérée septentrionale , etc. ; celles qui portent les mêmes productions, qui sont d'égale étendue, qui sont régies par les mêmes formes de gouvernemens, etc. Enfin, on les considérera sous tous les points de vue, et on les liera selon leurs rapports communs.

Pratiquer les trois procédés sur les objets liés entr'eux par ces rapports.

CHAPITRE IV.

APPLICATION A L'HISTOIRE NATURELLE.

Cette utile, immense science est soumise aux ressources de notre méthode. De profonds naturalistes nous ayant fourni de savantes classifications, nous nous servirons de leur travail dans l'application de nos procédés. Mais en donnerons-nous de nouveaux? Non. Nous indiquerons les mêmes que ceux que nous avons pratiqué dans l'étude de l'histoire humaine.

1° Nous considérerons à leur place les êtres naturels.

2° Nous irons les y retrouver.

3° Étant déplacés, nous les replacerons.

Il est bien entendu que des lectures préliminaires seront faites sur l'histoire naturelle en général, et qu'on entrera dans tous les développemens des êtres naturels, à mesure qu'on les soumettra au premier procédé.

Nous allons d'abord exposer les meilleures classifications, et puis nous démontrerons de quelle manière elles devront être réparties sur nos systèmes de localité.

CLASSIFICATION DES MINÉRAUX.

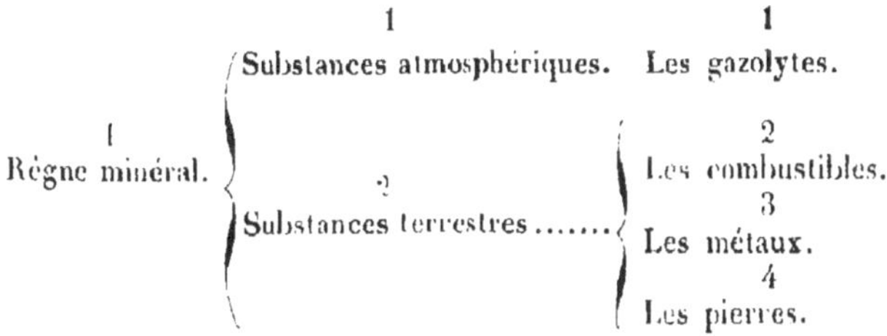

1 Règne minéral.	1 Substances atmosphériques.	1 Les gazolytes.
	2 Substances terrestres	2 Les combustibles. 3 Les métaux. 4 Les pierres.

CLASSIFICATION DES PLANTES,

d'après de Jussieu.

1 **Plantes**

- 1 Acotylédones .... 1re classe.
- 2 Monocotylédones à étamines
  - 2 Hypogynes .... 2e classe.
  - 3 Périgynes .... 3e classe.
  - 4 Épigynes .... 4e classe.
- 5 Dicotylédones à fleurs monoclines.
  - 5 à pétales.... à étamines..
    - 5 Epigynes .... 5e classe.
    - 6 Périgynes .... 6e classe.
    - 7 Hypogynes .... 7e classe.
  - 8 Monopétales à corolles..
    - 8 Hypogynes .... 8e classe.
    - 9 Périgynes .... 9e classe.
    - 10 Épigynes à anthères
      - 10 réunies... 10e classe.
      - 11 distinctes. 11e classe.
  - 12 Polypétales à étamines..
    - 12 Épigynes .... 12e classe.
    - 13 Hypogynes .... 13e classe.
    - 14 Périgynes .... 14e classe.
- 15 Diclines, ou unisexuelles vraies .... 14e classe.

CLASSIFICATION DES ANIMAUX,

d'après Cuvier.

Les Animaux sont :

- VERTÉBRÉS, se divisent en 4 grandes classes.
  - 1° MAMMIFÈRES se divisent en 8 ordres.
    - 1er ordre. — Bimanes.
    - 2e ordre. — Quadrumanes.
    - 3e ordre. — Carnassiers
      - Chéiroptères.
      - Insectivores.
      - Carnivores.
      - Marsupiaux.
    - 4e ordre. — Rongeurs.
    - 5e ordre. — Edentés.
    - 6e ordre. — Pachydermes.
    - 7e ordre. — Ruminans.
    - 8e ordre. — Cétacés.
  - 2° OISEAUX, se divisent en 6 ordres.
    - 1er ordre. — Rapaces.
    - 2e ordre. — Passereaux.
      - Dentirostres.
      - Fissirostres.
      - Conirostres.
      - Ténuirostres.
    - 3e ordre. — Grimpans.
    - 4e ordre. — Gallinacés.
    - 5e ordre. — Echassiers.
      - Brévipennes.
      - Pressirostres.
      - Cultirostres.
      - Longirostres.
      - Macrodactyles.
    - 6e ordre. — Palmipèdes.
      - Plongeurs.
      - Longipennes.
      - Totipalmes.
      - Lamellirostres.
  - 3° REPTILES, se divisent en 4 ordres.
    - 1er ordre. — Chéloniens.
    - 2e ordre. — Sauriens.
    - 3e ordre. — Ophidiens.
    - 4e ordre. — Batraciens.
  - 4° POISSONS, se divisent en 2 séries.
    - 1re série. — Poissons osseux, se divisent en 6 ordres.
      - 1er ordre. — Acanthoptérygiens.
      - 2e ordre. — Malacoptérygiens abdominaux.
      - 3e ordre. — Malacoptérygiens subbrachiens.
      - 4e ordre. — Malacoptérygiens apodes.
      - 5e ordre. — Lophobranches.
      - 6e ordre. — Plectognathes.
    - 2e série. — Poissons cartilagineux.
      - à branchies libres.
      - à branchies fixes.
- INVERTÉBRÉS se divisent en 3 grandes classes.
  - 1° MOLLUSQUES se divisent en 6 classes.
    - 1re classe. — Céphalopodes.
    - 2e classe. — Gastéropodes.
    - 3e classe. — Ptéropodes.
    - 4e classe. — Brachiopodes.
    - 5e classe. — Acéphales.
    - 6e classe. — Cirrhopodes.
  - 2° ARTICULÉS, se divisent en 5 classes.
    - 1re classe. — Arachnides.
    - 2e classe. — Insectes.
    - 3e classe. — Myriapodes.
    - 4e classe. — Crustacés.
    - 5e classe. — Annélides.
  - 3° RAYONNÉS, se divisent en 6 classes.
    - 1re classe. — Helminthes.
    - 2e classe. — Echinodermes.
    - 3e classe. — Méduses.
    - 4e classe. — Actinies.
    - 5e classe. — Polypes.
    - 6e classe. — Infusoires.

Voici de quelle manière on placera ces divisions des êtres naturels sur nos systèmes de localité :

La minéralogie sera placée sur les tableaux des rois de France du seizième siècle, et voici de quelle manière :

(Les mots que nous allons désigner étant écrits sur des cartes), placez *règne minéral, substances atmosphériques...*, *les gazolytes* sur le premier tableau.

Placez : *substances terrestres*, *les combustibles*, sur le deuxième tableau ; *les métaux*, sur le troisième tableau ; *les pierres*, sur le quatrième tableau.

La botanique sera placée sur les tableaux après Jésus-Christ, en faisant correspondre les classes avec les siècles, de sorte que la première classe sera placée sur le tableau du premier siècle..., la deuxième..., sur le tableau du deuxième siècle, etc.

Et les mots *Acotyledones, monocotylédones à étamines, dicotylédones à fleurs monoclines..., à pétales, à étamines, monopétales à corolles, polypétales à étamines, diclines ou unisexuelles vraies* précéderont la première classe qu'ils comprennent. Au reste, les mots qui doivent être réunis sur les mêmes tableaux sont marqués de mêmes chiffres.

Pratiquer les trois procédés, d'abord sur les grandes divisions, et puis sur les classes.

La *zoologie* sera placée sur les tableaux avant

Jésus-Christ, en faisant correspondre d'abord le premier, le deuxième, etc., ordre, avec le premier, le deuxième, etc., tableau, à partir de Jésus-Christ, et remontant vers la création.

Ainsi, placez les huit ordres des *mammifères* sur les huit premiers tableaux.

Les six autres des oiseaux sur les six tableaux suivans.

Les quatre ordres des reptiles sur les deux suivans.

Les 6 ordres de la première série des poissons sur les deux suivans.

La deuxième série sur un seul tableau.

Les six classes de molusques sur les deux suivans.

Les cinq classes des articulées sur les deux suivans.

Les six classes des rayonnés sur les six derniers.

Les subdivisions suivront toujours l'ordre qui les comprend; par exemple : troisième ordre, carnassiers, *cheiroptères*, *insectivores*, *carnivores*, *marsupiaux*.

Le nom des grandes divisions suivra toujours le premier ordre ou la première classe qu'elles comprennent, exemple :

On placera sur le premier tableau ces mots : *animaux vertèbres;* ils se divisent en quatre grandes classes; première classe, *mammifères;* se divisent en huit ordres; premier ordre, *bimanes:* ainsi des autres.

Pratiquer d'abord les trois procédés sur les grandes divisions, et puis sur les divisions et subdivisions.

Entrant dans l'étude des familles, genres, espèces, on aura le soin de les rapporter réellement ou par la pensée à la grande division qui les comprendrait, et à la place que cette division occuperait sur le système de localité.

CHAPITRE V.

APPLICATION A TOUTES SORTES DE NOMENCLATURES.

Les nomenclatures si rebelles à la mémoire naturelle deviennent très saisissables au moyen de nos principes. Enchaînant sur un plan physique, en des places successives les termes de la nomenclature, on les retrouve à volonté et selon leur ordre ordinal. C'est toujours l'effet du rapport de contiquité que nous obtenons, effet d'acquisition facile dans les matières les plus abstraites.

Nous n'avons pas besoin de former de nouveaux systèmes de localité; ceux établis déjà nous serviront assez avantageusement. Je suppose qu'il s'agisse de classer les rois d'Angleterre.

On n'aura qu'à réunir les rois contemporains de la France et de l'Angleterre en un même lieu. Déjà des places successives sont établies pour les rois de France. Réunissez en ces mêmes places les rois contemporains ; exemple : Egbert, Ethelwolf, ayant commencé de régner sous Louis Ier le Débonnaire, ces deux rois seront placés dans la case de ce dernier. Ethelbald, Ethelbert, Ethelred Ier et Alfred-le-Grand, ayant commencé de régner sous Charles Ier le Chauve, ils seront aussi placés dans sa case; ainsi des autres.

Bien que dans certaines cases des rois de France, il se trouve réunis plusieurs rois étrangers, il sera toujours très facile de retrouver leur numéro d'ordre; et pour cela on n'aura qu'à remarquer leur nombre dans chacune d'elles, nombre qui ne sera point si élevé qu'on ne puisse en retrouver les numéros. Au reste, on pourrait faciliter cette recherche, soit en écrivant les termes sur deux lignes en forme de triangle, de manière à s'en représenter distinctement l'ordre; soit en prenant des points fixes qui diviseraient régulièrement les nombres des souverains, comme on prend des jalons pour diviser la distance. Ces points seraient autant de points d'arrêt d'où l'on compterait les numéros précédens et suivans.

Les nomenclatures des souverains, établies de la sorte, offrent le double avantage : 1° de faire connaître le rang qu'occupe le personnage dans la série totale; 2° de réunir les contemporains, ce qui est le plus utile.

Il est encore un autre moyen de classer une série de souverains, mais qui n'offre pas ce double avantage : c'est de placer régulièrement un ou plusieurs termes de la nomenclature dans les cases de nos systèmes de localité. Qu'il fut question, par exemple, d'apprendre la nomenclature des papes :

Se servant du système de localité n° 11, on placerait le premier pape à la première place ; le deuxième à la deuxième place, etc., et puis on pratiquerait sur ces noms les trois procédés.

La nomenclature du premier cent connue, on placerait encore le 101 à la première place, le 102 à la deuxième, etc.

Pratiquer encore sur ce nouveau cent les trois procédés.

Puis le 201 encore à la première place, le 202 à la troisième, etc., et *idem* pour les procédés.

Craindre de confondre le premier avec 101, le deuxième avec le 102, etc., ou le 101 avec le 201, etc., serait craindre de tomber dans une erreur trop grossière.

AUTRE MOYEN.

On pourrait encore placer deux ou trois termes de la nomenclature qui se suivent comme 1, 2, 3, en une seule place, et les écrire sur des lignes en forme de triangle, de manière à pouvoir reconnaître le premier, le second, etc. De cette sorte, il serait encore assez facile de retrouver les numéros d'ordre.

NOMENCLATURE DES ROIS D'ANGLETERRE, ET DATES DE LEUR AVÈNEMENT AU TRONE.

Nos d'ordre.	NOMS.	SURNOMS.	DATES.
1	Egbert.	»	828.
2	Ethelwolf.	»	838.
3	Ethelbald.	»	855.
4	Ethelbert.	»	861.
5	Ethelred I.	»	866.
6	Alfred.	*Le Grand.*	872.
7	Édouard.	*L'Aîné.*	901.
8	Athelstan.	»	925.
9	Edmond I.	»	941.
10	Edrid.	»	946.
11	Eduy.	»	955.
12	Edgard.	»	959.
13	Édouard.	*Le Martyr.*	975.
14	Ethelred II.	»	979.
15	Edmond.	*Côtes-de-Fer.*	1016.
16	Canut.	*Le Grand.*	1017.
17	Harold I.	»	1035.
18	Hardicanut.	»	1039.
19	Édouard.	*Le Confesseur.*	1041.
20	Harold II.	»	1066.
21	Guillaume I.	*Le Conquérant.*	*id.*
22	Guillaume II.	*L'Ecolier.*	1087.
23	Henri I.	»	1100.
24	Etienne.	»	1135.
25	Henri II.	»	1154.
26	Richard I.	*Cœur-de-Lion.*	1189.
27	Jean.	*Sans-Terre.*	1199.
28	Henri III.	»	1216.
29	Édouard I.	»	1272.
30	Édouard II.	*De Carnarvon.*	1307.

31	Édouard III.	»	1327.
32	Richard II.	»	1377.
33	Henri IV.	»	1399.
34	Henri V.	»	1413.
35	Henri VI.	»	1422.
36	Édouard IV.	»	1461.
37	Édouard V.	»	1483.
38	Richard III.	*Le Bossu.*	*id.*
39	Henri VII.	»	1485.
40	Henri VIII.	»	1509.
41	Édouard VI.	»	1547.
42	Marie.	»	1553.
43	Elisabeth.	»	1558.
44	Jaques I.	»	1603.
45	Charles I.	»	1625.
46	Charles II.	»	1660.
47	Jaques II.	»	1685.
48	Guillaume III.	»	1689.
49	Anne.	»	1702.
50	Georges I.	»	1714.
51	Georges II.	»	1727.
52	Georges III.	»	1760.
53	Georges IV.		
	Régence.	»	1810.
	Règne.	»	1820.
54	Guillaume IV.	»	1830.

NOMENCLATURE DES ROIS DE PORTUGAL ET DATES DE LEUR AVÈNEMENT.

Nos d'ordre.	NOMS.	SURNOMS.	DATES.
1	Alfonse I.	*Le Conquérant.*	1140.
2	Sanche I.	»	1185.
2	Alfonse II.	*Le Gros.*	1211.

4	Sanche II.	*Le Capel.*	1223.
5	Alfonse III.	»	1248.
6	Diniz.	*Le Laboureur et Libéral.*	1279.
7	Alfonse IV.	*Le Brave.*	1325.
8	Pedro I.	*Le Juste.*	1357.
9	Ferdinand.	*Le Beau.*	1367.
10	Jean I.	*Le Grand.*	1383.
11	Duarte.	*L'Éloquent.*	1433.
12	Alfonse V.	*L'Africain.*	1438.
13	Jean II.	*Le Parfait.*	1481.
14	Manuel.	*Le Bienheureux.*	1495.
15	Jean III.	*D'heureuse mémoire.*	1521.
16	Sébastien.	*Le Désiré.*	1557.
17	Henri.	*Le Chaste.*	1578.
18	Antoine.	»	1580.
19	Philippe I.	»	1580.
20	Philippe II.	»	1598.
21	Philippe III.	»	1621.
22	Jean IV.	*Le Restauradeur.*	1640.
23	Alfonse VI.	*Le Victorieux.*	1656.
24	Pedro II.	»	1683.
25	Jean V.	*Le Magnanime.*	1706.
26	Joseph.	»	1750.
27	Maria I.	»	1777.
28	Jean VI.	»	1816.
29	Pedro IV.	»	1826.
30	Maria II.	»	1826.
31	Miguel (*)	»	1828.

(*) Nous ne le considérons dans cette table que comme Roi de Fait et nullement de Droit.

CHAPITRE VI.

MOYENS MNÉMOTECHNIQUES BASÉS SUR LES PRINCIPES PRÉCÉDENS.

La pratique de ce qui a été dit doit avoir évidemment démontré la puissance du rapport de juxta-position, et la facilité avec laquelle on peut le saisir.

Les procédés que nous allons indiquer confirmeront encore ces vérités, et contribueront à amplifier la faculté mémorative.

Le rapport de contiguité ou de juxta-position, rapport sensible et tout naturel, a servi de transition du connu à l'inconnu. Nous allons ménager cette transition au moyen de nouveaux termes qui seront familiers à notre esprit. Ces nouveaux termes seront encore rattachés à des places par le moyen de la puissance du rapport de contiguité, et puis seront liés aux termes inconnus par le moyen de formules. Ces termes inconnus que nous appelons transitifs ou intermédiaires, sont des substantifs physiques, adjectifs, et leurs substantifs dérivés, verbes, adverbes, tous d'un usage commun et d'un sens assez général.

Voici une table de ces termes intermédiaires ou transitifs, correspondans à des nombres dont ils sont la traduction.

1re TABLE DES TERMES INTERMÉDIAIRES OU TRANSITIFS.

Noms.	Verbes.	Adjectifs.	
Abeille.	Abandonner.	Abominable.	1.
Académie.	Accabler.	Accessible.	2.
Adam.	Adorer.	Admirable.	3.
Affiche.	Affecter.	Affreux.	4.
Agneau.	Agir.	Agréable.	5.
Baleine.	Badiner.	Barbare.	6.
Bélier.	Bénir.	Belliqueux.	7.
Biche.	Biffer.	Bienheureux.	8.
Botte.	Boire.	Bossu.	9.
Burette.	Butiner.	Burlesque.	10.
Campagne.	Cacher.	Capable.	11.
Cercle.	Céder.	Célèbre.	12.
Cigale.	Circuler.	Civil.	13.
Corde.	Commencer.	Collectif.	14.
Cuve.	Cultiver.	Curieux.	15.
Char.	Changer.	Charmant.	16.
Chemin.	Chercher.	Chétif.	I7.
Chien.	Chicaner.	Chimérique.	18.
Chopine.	Choisir.	Choquant.	19.
Chou.	Chuchoter.	Chuchoteur.	20.
Dame.	Danser.	Dangereux.	21.
Désert.	Défendre.	Délicat.	22.
Dindon.	Dîner.	Différent.	23.
Dogue.	Dormir.	Docile.	24.
Duvet.	Durer.	Durable.	25.
Ebène.	Eblouir.	Eblouissant.	26.

Echelle.	Ecarter.	Eclatant.	27.
Edifice.	Edifier.	Edifiant.	28.
Effigie.	Effacer.	Efficace.	29.
Eglise.	Egaler.	Egal.	30.
Fagot.	Favoriser.	Familier.	31.
Feu.	Féliciter.	Ferme.	32.
Figue.	Finir.	Fidèle.	33.
Fontaine.	Former.	Fort.	34.
Fusil.	Fuir.	Fugitif.	35.
Gant.	Gagner.	Galant.	36.
Guêpe.	Guérir.	Guérissable.	37.
Guirlande.	Guider.	Guide.	38.
Gobelet.	Gober.	Goguenard.	39.
Gouvernail.	Gouverner.	Guttural.	40.
Hache.	Habiller.	Habile.	41.
Hérisson.	Hériter.	Hérétique.	42.
Hibou.	Historier.	Hideux.	43.
Homme.	Honorer.	Honteux.	44.
Hutte.	Humilier.	Humain.	45.
Ile.	Illustrer.	Illustre.	46.
Jambe.	Jaser.	Jaloux.	47.
Jeton.	Jeter.	Jeûneur.	48.
Jonc.	Jouer.	Joyeux.	49.
Jupe.	Jurer.	Judicieux.	50.
Lance.	Laver.	Laborieux.	51.
Lettre.	Lever.	Légitime.	52.
Lit.	Lire.	Libre.	53.
Loge.	Loger.	Louable.	54.
Lunette.	Luire.	Lugubre.	55.
Manteau.	Manger.	Malade.	56.

Mèche.	Médire.	Médiocre.	57.
Miroir.	Miner.	Minutieux.	58.
Montre.	Modérer.	Monstreux.	59.
Muraille.	Munir.	Muet.	60.
Navire.	Nager.	Natal.	61.
Nez.	Négliger.	Nécessaire.	62.
Nid.	Nier.	Niais.	63.
Noix.	Nommer.	Notable.	64.
Nuage.	Nuire.	Nuisible.	65.
Obole.	Obéir.	Oblique.	66.
Oculiste.	Occasionner.	Occulte.	67.
Ode.	Occuper.	Odieux.	68.
Offrande.	Offenser.	Officieux.	69.
Ognon.	Ouvrir.	Ouvrier.	70.
Papillon.	Parler.	Paresseux.	71.
Perruque.	Perdre.	Pernitieux.	72.
Pipe.	Piller.	Pitoyable.	73.
Porte.	Porter.	Positif.	74.
Puits.	Punir.	Public.	75.
Praline.	Pratiquer.	Praticable.	76.
Prête.	Prêter.	Précieux.	77.
Prison.	Prier.	Privilégié.	78.
Province.	Promettre.	Prospère.	79.
Prune.	Prouver.	Prudent.	80.
Rat.	Raconter.	Rationnel.	81.
Redingotte.	Réciter.	Religieux.	82.
Rideau.	Rire.	Rigoureux.	83.
Robe.	Roter.	Robuste.	84.
Ruban.	Ruiner.	Rude.	85.
Sanglier.	Sacrifier.	Savant.	86.

Serpent.	Séduire.	Séditieux.	87.
Scie.	Signifier.	Silencieux.	88.
Soleil.	Solliciter.	Solitaire.	89.
Sucre.	Supplier.	Superbe.	90.
Table.	Tacher.	Tardif.	91.
Tête.	Tenir.	Terrible.	92.
Tigre.	Tirer.	Timide.	93.
Tombeau.	Tomber.	Tortueux.	94.
Tuile.	Tuer.	Tutélaire.	95.
Vache.	Vanter.	Vaillant.	96.
Verre.	Venir.	Vénérable.	97.
Violon.	Vivre.	Vide.	98.
Voiture.	Voler.	Voluptueux.	99.
Vulcain.	Vulgariser.	Vulgaire.	100.

Ces mots sont rattachés aux places marquées, sur la planche n° II, par le moyen du rapport de contiguité en pratiquant les trois procédés indiqués.

RÈGLE GÉNÉRALE.

Tous les substantifs physiques en *ab*, excepté ceux que l'on trouvera dans la troisième table; tous les verbes en *ab* et tous les adjectifs et leurs substantifs dérivés en *ab*, exprimeront le nombre 1; même règle sur les substantifs, verbes et adjectifs suivans de la même table.

2me TABLE.

Assez, aussitôt, etc. 0. Fièrement. 000000.

Bientôt.	00.	Gaiement.	0000000.
Convenablement.	000.	Habilement.	00000000.
Dorénavant.	0000.	Incognito.	000000000.
Effectivement.	00000.	Justement.	0000000000.

Les adverbes seront placés sur le système de localité, planche n° II, en faisant correspondre la lettre initiale de ces adverbes avec celle des substantifs, verbes, adjectifs de la première table.

RÈGLE.

Tous les adverbes en	*a*	exprimeront un	0.
Tous ceux en	*b*	idem.	00.
Tous ceux en	*c*	idem.	000.
Tous ceux en	*d*	idem.	0000.
Tous ceux en	*e*	idem.	00000, etc.

On pourrait adopter cette autre règle.

Tous les adverbes d'une syllabe exprimeront un.. 0.

Tous ceux de deux syllabes.............. 00.

De trois, etc............................ .... 000.

EMPLOI DES TERMES INTERMÉDIAIRES DE LA PREMIÈRE ET DEUXIÈME TABLE A UNE SÉRIE DE CHIFFRES.

71—67—00—86—71—53—000—11—19—37—50—28—1.

Mots *traducteurs* : papillon — occasionner — long-temps—savant — parler — lire—fréquemment — capable — choisir — guérison — judicieux — édifice — abandonner.

FORMULES.

L'histoire des *papillons* a *occasionné longtemps* aux *savans* de grandes recherches. Pour en *parler* sciemment, il faut *lire fréquemment* leurs ouvrages. Si vous êtes *capable* de *choisir* pour votre *guérison* un médecin très *judicieux*, cet *édifice*, fût-il plein d'argent, je vous *l'abandonnerais*.

AUTRE.

75 — 000,000,000.

Mots *traducteurs :* punir — incognito.

FORMULE.

Il a été *puni incognito*.

AUTRE.

79 — 00 — 000,000.

Mots traducteurs : *prononcer — toujours — imperturbablement*.

FORMULE.

Il *prononce* ses sermons *toujours imperturbablement*.

Dans cette formule, chaque syllabe des deux adverbes exprime un zéro.

EMPLOI DES MÊMES TERMES INTERMÉDIAIRES DANS LES NOMENCLATURES.

PAPES. FORMULES.

1. St-Pierre.—Avant la venue de St-Pierre on connaissait l'art de cultiver les *abeilles*. — 1.

2. St-Lin.—*Les académies*.—2. D'Autun, de Lyon, existaient avant St-Lin.

3. St-Clet. — St-Clet, descendant d'*Adam*.— 3. Comme les autres.

4. St-Clément. — St-Clément, représenté sur une *affiche*. — 4.

5. St-Evariste. — St-Evariste, doux comme un *agneau*. — 5.

6. St-Alexandre 1er. — St-Alexandre, monté sur une *baleine*. — 6.

7. St-Sixte 1er. — St-Sixte, monté sur un *bélier*. — 7.

8. St-Thelesphore. — St-Thelesphore, monté *sur une biche*. — 8, etc.

Ainsi des autres, en faisant entrer dans une formule bizarre ou rationnelle le terme intermédiaire qui signifie le numéro d'ordre cherché.

Comme le nombre des papes s'élève à 246, on fera entrer dans le premier cent de formules les cent substantifs physiques; dans le deuxième cent, les cent verbes, et dans le troisième les adjectifs ou substantifs dérivés. De cette sorte, *abeille* signifiera — 1; abandonner signifiera — 101; et abominable ou abomination signifiera — 201, etc.

On pourrait encore, au moyen de la même table, exprimer les chiffres des avènemens au trône ainsi que toute sorte de dates; mais il est une autre table dont on se servira pour cet objet.

3e TABLE DES TERMES INTERMÉDIAIRES OU TRANSITIFS A L'USAGE DE L'HISTOIRE, CORRESPONDANS AUX SIÈCLES AVANT ET APRÈS J. CH. ET AUX RÈGNES DES ROIS DE FANCE.

Siècles avant J. Ch.	Règle
40 Arbre.	Abominable, abomination, et tous les adjectifs en *a* et leurs substantifs dérivés.
39 Barque.	Barbare, barbarie, et tous les adjectifs en *b* et leurs substantifs dérivés.
38 Château.	Capable. Même règle sur les suivans.
37 Drapeau.	Dangereux.
36 Escalier.	Éblouissant.
35 Fenêtre.	Familier.
34 Grotte.	Galant.
33 Halle.	Habile.
32 Image.	Illustre.
31 Jardin.	Jaloux.
30 Lampe.	Laborieux.
29 Maison.	Malade.
28 Nappe.	Natal.
27 Or.	Oblique.

26	Promenade.	Paresseux.
25	Rivière.	Rationnel.
24	Singe.	Savant.
23	Théâtre.	Tardif.
22	Urne.	Un.
21	Vigne.	Vaillant.
20	Arbre.	Abominable, abomination, les mêmes que les précédens et même règle.
19	Barque.	Barbare, etc.
18	Château.	Capable.
17	Drapeau.	Dangereux.
16	Escalier.	Eblouissant.
15	Fenêtre.	Familier.
14	Grotte.	Galant.
13	Halle.	Habile.
12	Image.	Illustre.
11	Jardin.	Jaloux.
10	Lampe.	Laborieux.
9	Maison.	Malade.
8	Nappe.	Natal.
7	Or.	Oblique.
6	Promenade.	Paresseux.
5	Rivière.	Rationnel.
4	Singe.	Savant.
3	Théâtre.	Tardif.
2	Urne.	Un.
1	Vigne.	Vaillant.
Siècles après J. Ch.		
1	Arbre.	Abominable, abomination, les mêmes que les précédens et même règle.
2	Barque.	Barbare.
3	Château.	Capable.
4	Drapeau.	Dangereux.

RACE MÉROVINGIENNE.

		Siècles après J. Ch.		
1 Pharamond.	(Païen.)	420.	Escalier.	Eblouissant*
2 Clodion.	Le Chevelu.	428.	Fenêtre.	Eclatant.
3 Mérovée.	(Excellent prince).	448.	Grotte.	Edifiant.
4 Childéric I.	(Ingrat).	450.	Halle.	Efficace.
5 Clovis I.	Le Grand.	481.	Image.	Egal.
6 Childebert I.	(Charitable).	511.	Jardin.	Familier.
7 Clotaire I.	(Féroce).	558.	Lampe.	Ferme.
8 Caribert.	(Bon).	562.	Maison.	Fidèle.
9 Chilpéric I.	Le Néron.	568.	Nappe.	Fort.
10 Clotaire II.	(Cruel).	584.	Or.	Fugitif.
11 Dagobert I.	(Débauché).	628.	Promenade.	Galant.
12 Clovis II.	(Ami des pauvres).	638.	Rivière.	Généreux.
13 Clotaire III.	(Jeune).	655.	Singe.	Gigantesque.
14 Childéric II.	(Déréglé).	670.	Théâtre.	Goguenard.
15 Thierry I.	(Fénéant).	673.	Urne.	Guttural.
16 Clovis III.	(Faible).	691.	Vigne.	Gracieux.
17 Childebert II.	(Imberbe).	695.	Il n'y en a point.	Grêle.
18 Dagobert II.	(Incapable).	711.	Arbre.	Habile.
19 Clotaire IV.	(Nul).	715.	Barque.	Hérétique.
20 Chilpéric II.	(Détrôné).	717.	Château.	Hideux.
21 Thierry II.	(Indolent).	720.	Drapeau.	Honteux.
Interrègne.	6 Ans.			
22 Childéric III.	L'insensé.	742.	Escalier.	Humain.

RACE CARLOVINGIENNE.

23 Pépin.	Le Bref.	751.	Fenêtre.	Houlleux.
24 Charles ou Charlemag[e].	Le Grand.	768.	Grotte.	Hypocrite.
25 Louis I.	Le Débonnaire.	814.	Halle.	Idéal.
26 Charles I.	Le Chauve.	840.	Image.	Ignorant.
27 Louis II.	Le Bègue.	877.	Jardin.	Illustre.
28 Louis III et Carloman.	(Intimes).	879.	Lampe.	Immense.

* Et tous les adjectifs en *eb* et leurs substantifs dérivés en *eb*; même règle sur les suivans.

	Interrègne.	1 An.			
29	Charles.	Le Gros.	885.	Maison.	Infini.
30	Eudes.	(Valeureux).	888.	Nappe.	Irrégulier.
31	Charles III.	Le Simple.	898.	Or.	Isolé.
32	Raoul.	(Usurpateur).	923.	Promenade.	Jaloux.
33	Louis IV.	D'outre mer.	936.	Rivière.	Jésuitique.
34	Lothaire.	(Actif).	954.	Singe.	Joli.
35	Louis V.	Le Fénéant.	986.	Théâtre.	Judicieux.

RACE CAPÉTIENNE.

36	Hugues.	Capet.	987.	Arbre.	Joueur.
37	Robert.	(Pieux).	996.	Barque.	
38	Henri I.	(Loyal).	1031.	Château.	Laborieux, légitime.
39	Philippe I.	Excommunié.	1060.	Drapeau.	Libre, long, lugubre.
40	Louis VI.	Le Gros.	1108.	Escalier.	Malheureux.
41	Louis VII.	Le Jeune.	1137.	Fenêtre.	Médiocre, minutieux.
42	Philippe II.	Auguste.	1180.	Grotte.	Mobile, musical.
43	Louis VIII.	Cœur-de-Lion.	1223.	Halle.	Naturel.
44	Louis IX.	Le Saint.	1226.	Image.	Nécessaire.
45	Philippe III.	Le Hardi.	1270.	Jardin.	Niais.
46	Philippe IV.	Le Bel.	1285.	Lampe.	Notable, nuisible.
47	Louis X.	Le Hutin.	1314.	Maison.	Oblique.
	Interrègne.	De 5 mois.			
48	Jean.	Posthume.	1316.		Occulte.
49	Philippe V.	Le Long.	1316.	Nappe.	Odieux.
50	Charles IV.	Le Bel.	1322.	Or.	Officieux.
51	Philippe VI.	De Valois.	1328.	Promenade.	Oisif.
52	Jean-le-Bon.	Le Bon.	1350.	Rivière.	Olivâtre.
53	Charles V.	Le Sage.	1364.	Singe.	Ombrageux.
54	Charles VI.	Le Bien-Aimé.	1380.	Théâtre.	Ondoyant.
55	Charles VII.	Le Victorieux.	1422.	Urne.	Pareil.
56	Louis XI.	Le Dissimulé.	1461.	Vigne.	Pernicieux.
57	Charles VIII	L'Affable.	1483.	Yole.	Pieux.
58	Louis XII.	Le père du peuple.	1498.		Poli, puissant

59	François I.	Le père des lettres.	1515.	Arbre.	Rare.
60	Henri II.	(Spirituel).	1547.	Barque.	Religieux.
61	François II.	(Subordonné).	1559.	Château.	Rigoureux.
62	Charles IX.	(Barbare).	1560.	Drapeau.	Romanesque.
63	Henri III.	(Inconséquent).	1574.	Escalier.	Rude.
64	Henri IV.	Le Grand.	1589.	Fenêtre.	Roux.
65	Louis XIII.	Le Juste.	1610.	Grotte.	Savant, séditieux.
66	Louis XIV.	Le Grand.	1643.	Halle.	Silencieux, solitaire, sujet.
67	Louis XV.	Le Bien-Aimé.	1715.	Image.	Tardif.
68	Louis XVI.	(Infortuné).	1774.	Jardin.	Terrible.
69	Louis XVII.	(Victime).			
	La République.	Une et indivisible.	1792.	Lampe.	Tortueux, tutélaire, timide.
70	Napoléon.	Le Grand.	1804.	Maison.	Un.
71	Louis XVIII	Le Désiré.	1814.	Nappe.	Unique.
72	Charles X.	(Banni).	1824.	Or.	Usuel.
73	Louis Philippe I.	Roi Citoyen.	1830.	Promenade.	Utile.

Tous ces substantifs et adjectifs doivent être rattachés aux places des siècles et règnes auxquels ils correspondent (pratiquer pour cet objet les trois procédés), pour être ensuite introduits dans des formules destinées à ramener les faits historiques à leurs siècles et règnes. Mais, objectera-t-on, il sera possible de confondre ; car pour l'histoire ancienne, les mots arbre, abominable, abomination, se rapportent au 20e ainsi qu'au 1er siècle avant Jésus-Christ ; et ces mots étant introduits dans un fait historique formulé, on ne saura si ce fait est du 20e siècle ou du 1er avant Jésus-Christ.

De même, pour l'histoire moderne : le mot échelle se rapportant à Pharamond, à Childéric III, à Louis VI, à Henri III, ce mot étant enchassé dans un fait historique formulé, on ne saura sous quel règne ce fait a eu lieu. Nous répondrons à cette objection qu'il est rigoureusement possible de confondre; mais cela ne peut arriver qu'à celui qui n'aura de l'histoire aucune idée. Car, rapporter au 20e siècle un fait qui a eu lieu au 1er; et au 40e roi de France ce qui est arrivé sous le 22e, serait une erreur trop grossière.

Nous ferons observer que les substantifs physiques que l'on trouvera sur les tableaux sont moins destinés à entrer dans un fait historique formulé et écrit qu'à servir de lieu d'habitation à tous les faits qui couvrent les tableaux.

EXEMPLES.

On prend un tableau quelconque : c'est celui du 11e siècle avant Jésus-Christ. Le substantif physique qui s'y trouve c'est *jardin*.

On placera tous les faits historiques de ce tableau dans le jardin, de cette sorte :

Samuel, dernier juge, il délivre le peuple. Saül, sacré roi par Samuel. David, roi et prophète. Révolte d'Absalon, etc.	dans le jardin.

Connaissant la place de *jardin*, et par suite le siècle auquel il se rapporte, on connaîtra la chronologie ou siècle de ces faits.

Même procédé pour les autres tableaux.

Les adjectifs au contraire sont spécialement destinés à entrer dans des formules.

EXEMPLES.

Faits : 588. Jérusalem et le temple détruits par Nabuchodonosor.

509. Rome en république.

FORMULES.

La prise de Jérusalem et du temple par Nabuchodonosor fut *pernicieuse aux* Juifs.

La république de Rome fut *pernicieuse* à bien des gens.

L'adjectif *pernicieux* se trouvant sur le tableau du 6e siècle avant Jésus-Christ, fait connaître que ces faits sont du 6e siècle avant Jésus-Christ.

Autres faits : 622. Origine du mahométisme.

732. Défaite des Sarrasins par Charles-Martel.

FORMULES.

Fuite de Mahomet de la Mecque.

Charles-Martel, en écrasant toute l'armée des Sarrasins, les sauva de la honte d'avoir été battus.

Le mot *fuite* rappelle le règne de Clotaire II, et par suite la fin du 6e siècle et le commencement du 7e, et le mot *honte* rappelle celui de Thierry II et le 8e siècle.

DES ANNÉES PRÉCISES.

Les années précises se traduisent au moyen des adjectifs de la 3e table, et des verbes ou substantifs physiques de la 1re.

Faits : Bataille de Bouvines, en 1214.

Saint-Louis, roi en 1226.

Massacre de la Saint-Barthélemy, en 1572.

FORMULES.

Commençons notre composition sur la bataille de Bouvines : événement *notable* du règne de Philippe-Auguste.

Il est *nécessaire* que vous fassiez aujourd'hui l'histoire de Saint-Louis, de ce roi qui ne se laissa point *éblouir* par l'éclat de la royauté.

Dans le massacre de la Saint-Barthélemy, massacre exécuté sous l'apparence d'un esprit *religieux*, bien des gens *perdirent* leur fortune.

Le verbe *commençons* exprime le nombre 14, et l'adjectif *notable* rappelle le 13e siècle et exprime 1200, total 1214. (Voir les tables pour les autres qui suivent).

On voit donc qu'en rattachant des mots aux places de nos systèmes de localité, on peut traduire toute sorte de dates. De plus, les adjectifs de la 3e table offrent le double avantage : 1° de faire connaître le siècle ou règne des événemens.

2° de réunir sur un seul point tous ceux d'un siècle ou règne, puisque les mêmes adjectifs peuvent entrer dans les formules de tous ces événemens.

PIÈCES JUSTIFICATIVES.

Les élèves sur qui les épreuves de la méthode ont été faites ont répondu, après 50 leçons, à plus de 2,000 questions sur les faits historiques de l'histoire de France et des histoires modernes, et aux questions suivantes :

D. En combien de races se divise la série des rois de France? En combien de branches se divise la troisième? Nommez tous les rois selon leur ordre de succession ou *vice versâ*. Nommez les rois de tel siècle selon l'ordre de succession ou *vice versâ*.

D. De quelle race chaque roi? De quelle branche, s'il est de la troisième race? Son numéro d'ordre dans la série totale? Son numéro d'ordre parmi les rois de telle race ou branche, son numéro d'ordre parmi les rois de tel ou tel siècle, en partant du premier ou du dernier? Quel est le roi de tel numéro d'ordre? Nommer le prédécesseur et successeur de chacun d'eux? L'époque de son avènement au trône? La durée du règne? Le genre de mort? Deux rois étant donnés, nommer les intermédiaires?

PREUVES.

Lettre de M. J. Cutxan au Président du Comité.

Il y a déjà quelques mois que j'ai annoncé une Méthode pour l'enseignement de l'histoire. Désirant en connaître moi-même les résultats, je l'ai mise à l'épreuve sur quelques-uns de mes élèves. Les effets en sont infiniment satisfaisans. Aussi, devant la répandre, je tiendrais à ce qu'elle fût reconnue efficace par une autorité. En conséquence, je prie le Comité d'arrondissement d'avoir la complaisance de vouloir se convoquer à l'effet d'examiner mes élèves. J'espère que M. le président ne se refusera pas à vouloir reconnaître le mérite d'une Méthode destinée peut-être à faire le plus grand bien à l'enseignement. J'aurai l'honneur de venir apprendre de vous, monsieur le président, vos dispositions à cet égard.

Agréez, monsieur le président, etc.

Signé : J. CUTXAN.

Réponse.

Monsieur, le Comité d'instruction de l'arrondissement me charge de vous informer qu'il a reçu votre lettre du 2 de ce mois, par laquelle vous lui annoncez que vous êtes l'auteur d'une Méthode pour l'enseignement de l'histoire. Le comité, dans la séance du 6, a décidé qu'il visitera votre classe demain mardi, 9 juin, à 9 heures du matin, afin de juger par lui-même de l'efficacité de votre Méthode.

Agréez, etc. *Le secrétaire :* signé LECORNU.

RÉSULTATS DE L'EXAMEN.

Extrait du procès-verbal de la séance extraordinaire du 9 juin 1835, accompagné de la lettre suivante :

Monsieur, j'ai l'honneur de vous transmettre extrait du procès-verbal de la séance du 14 juin courant, et copie de la décision qu'a prise le Comité d'instruction, en faveur de la Méthode pour l'enseignement de l'histoire dont vous êtes l'auteur. Le Comité me charge de vous exprimer toute sa satisfaction; il m'est bien agréable d'être son interprète dans cette circonstance.

Agréez, etc. *Le secrétaire* : signé LECORNU.

ACADÉMIE DE CAHORS. — DÉPARTEMENT DU GERS. — ARRONDISSEMENT DE CONDOM.

COMITÉ SUPÉRIEUR D'INSTRUCTION PRIMAIRE.

Extrait du procès-verbal de la séance extraordinaire du 9 juin 1835. Présens, MM. Balland, *sous-préfet, président;* Petit, Barrière, de Cassan, Buzet, Vidal, Noguès, Laroque, Lecorne.

Le président instruit le Comité que le sieur Cutxan est l'auteur d'une Méthode propre à faciliter l'enseignement de l'histoire, et qu'il désire que le Comité se réunisse pour la lui faire connaître et juger de ses résultats. Le président rend compte qu'une séance a été déjà consacrée à l'examen de cette Méthode; qu'à cet effet, plusieurs membres se sont rendus, le 9 juin, dans la classe du sieur *Cutxan*; que les élèves, interrogés par divers membres du Comité, ont répondu de la manière la plus satisfaisante aux questions qui leur ont été adressées sur les trois races des rois de France, sur leur ordre dans les différentes races, la durée de leur règne, leur genre de mort, etc. Ces élèves, dont le plus âgé n'a pas plus de 12 ans, et qui, selon l'aveu de M. *Cutxan* et des élèves, comptent à peine 50 leçons, depuis trois mois qu'il leur enseigne l'histoire selon sa Méthode, ont donné la mesure de ce que l'on peut attendre de cette manière d'enseigner l'histoire, lorsque l'instituteur pourra donner un temps plus opportun à ses élèves, et les faire entrer dans de plus grands détails. Le nombre des questions adressées à ces enfans et qui pouvait s'élever à 3,000 environ, le peu de temps qu'ils ont employé à cette étude, le temps inopportun qu'ils y consacraient, puisque c'était toujours après la classe que le professeur donnait ses leçons, l'âge des élèves peu familiarisés d'ailleurs avec une foule de noms étrangers, leur manière précise de répondre, la classification des diverses races des rois de France, l'époque où existaient les rois étrangers, combinée avec l'histoire de France à laquelle cette Méthode fait rapporter leur naissance, la date de leur règne, etc.

Toutes ces considérations mûrement pesées et réfléchies ont décidé le Comité à donner un avis favorable à la manière d'enseigner l'histoire, conçue par *M. Cutxan*, sans entrer dans les moyens employés par ce professeur, pour parvenir aux résultats qu'il a obtenus, et dont le Comité a su apprécier les avantages.

Condom, les jour, mois et an que dessus. *Signés les membres présens.*

Pour extrait conforme :

Le sous-préfet, président, signé BALLAND.

Par le président :

Le sécrétaire, signé LECORNU.

Lettre de la part de M. le préfet du Gers.

Condom, 11 juin 1835.

Monsieur, je suis chargé de vous informer que M. le préfet désire connaître les effets de votre nouvelle Méthode pour l'enseignement de l'histoire. Veuillez donc vous rendre, à midi, à la sous-préfecture, accompagné de quelques-uns de vos élèves.

Agréez, etc.

Le secrétaire du Comité : signé LECORNU.

Extrait de l'Écho de la Baïse, *Journal de Condom, du mardi* 16 *juin* 1835.

Jeudi dernier, le Comité d'instruction de l'arrondissement s'est occupé de l'examen de la Méthode de M. Cutxan;

pour l'enseignement de l'histoire. Le professeur a justifié les promesses de son prospectus, que nous avons publié au n° du 13 janvier. Après 50 leçons, plusieurs enfans de l'âge de 10 à 12 ans ont répondu aux examinateurs avec facilité et précision sur plus d'un millier de questions différentes. Le Comité a admiré les heureux effets de la méthode de M. Cutxan, et il lui a délivré un témoignage écrit de sa satisfaction. M. le préfet qui se trouvait en ville a également examiné les élèves présentés par M. Cutxan; il a été enchanté de l'assurance et des réponses historiques de ses jeunes disciples, auxquels il a distribué plusieurs prix d'encouragement. (1)

Le Comité n'a eu à examiner que les résultats de la méthode; car, pour le procédé en lui-même, M. Cutxan ne le lui a point soumis; c'est encore son secret. A la juger par ses dehors, cette méthode a beaucoup de similitude avec les procédés mnémotechniques; c'est toujours la mémoire qui semble fonctionner seule dans ces chronologies historiques débitées avec la rudesse d'un chiffre et l'abstraction d'un calcul mathématique. Rien de plus frivole en effet que ces procédés factices qui n'ont d'appui que sur une faculté passagère, sans embrasser l'intelligence et le raisonnement. Ce n'est pas que nous entendions faire à la méthode de M. Cutxan l'application entière de ce que nous venons de dire; loin de là, ses moyens paraissent surtout réagir sur les idées, s'appliquer aux développemens de l'intelligence et former la base des connaissances historiques. Si, à l'aide de sa méthode, on parvient non seulement à se rappeler une date, une époque, mais encore à approfondir l'histoire, à apprendre dans peu de leçons les principaux élémens de la science même, et à les graver dans la mémoire, non mécaniquement, mais par le raisonnement et l'intelligence, nul doute alors que la méthode de M. Cutxan ne soit bien ac-

(1) C'est le Comité qui a décerné les prix d'encouragement.

cueillie par tout le monde et extrêmement utile aux sciences et aux études historiques en général. Au reste, M. Cutxan a obtenu jusqu'ici ce qu'il s'était proposé dans l'invention de sa méthode, c'est-à-dire de simplifier à tel point le travail de ses élèves, qu'il leur donne en peu de leçons des connaissances historiques telles qu'on aurait de la peine à les obtenir en plusieurs années par les moyens ordinaires.

Vu et certifié conforme, les pièces ci-dessus.

Condom, le 20 août 1835.

Le maire, A^te^ PETIT.

AUTRES PREUVES.

Jeudi dernier, l'ouverture du cours de M. J. Cutxan, pour l'enseignement de sa méthode d'histoire que nous avons annoncée dans notre dernier numéro, a eu lieu en effet, mais d'une manière incomplète. Plusieurs personnes ayant manqué de se rendre, et d'autres étant arrivées un peu tard, il a été convenu que la communication de la méthode serait faite à l'occasion d'une plus grande réunion. Mais l'examen qui devait précéder le cours s'est effectué, et a tellement fixé l'attention des assistans, que le reste de la journée s'est passé au milieu des questions et des réponses historiques les plus intéressantes. Après des résultats aussi satisfaisans, il n'est guère plus permis de douter que la méthode de M. Cutxan ne soit efficace pour faciliter les études chronologiques et pour étendre les connaissances de l'histoire. (*Echo de la Baïse.*)

M. l'inspecteur des écoles primaires du département du Gers, après avoir examiné la théorie de la méthode, a déclaré à l'auteur, dans une lettre en date du 16 avril

1836, qu'il reconnaissait la méthode bonne dans ses principes.

ATTESTATION

DE M. LE RECEVEUR PARTICULIER DE CONDOM.

Je soussigné déclare que M. Cutxan a fait suivre à mes enfans un cours d'histoire d'après sa méthode. La personne chargée d'assister aux leçons m'a assuré que cette méthode facilitait l'étude de l'histoire, et qu'elle a reconnu que mes enfans avaient fait de rapides progrès en un très petit nombre de leçons.

Fait à Condom, le 23 juin 1836.

DROUILLARD.

ATTESTATION

DE Mlle PELLISSON, MAITRESSE DE PENSION.

Plusieurs des élèves qui fréquentent mon établissement ayant été exercées dans l'étude de l'histoire par M. Cutxan, selon sa méthode, je déclare que cette méthode m'a paru infiniment attrayante, et qu'elle a produit en mes élèves d'heureux résultats.

Condom, le 28 août 1836.

PELLISSON,

Institutrice et Maîtresse de pension.

TABLE DES MATIÈRES.

OBSERVATION.

On peut se dispenser d'établir à la fois chaque système de localité ; deux longues règles montées sur des chaises suffisent en étudiant l'histoire par race, branche, ou par rangées ou tableaux du *nord*, de l'*est*, etc., et en utilisant le système de la planche n° II par rangée, du *nord-ouest*, du *nord-est*, etc.

ERRATA:

Page 5. Si nous les découvrions, ***Lisez :*** Si nous le découvrions.

Page 9. Pour bien les saisir, ***Lisez :*** pour bien le saisir.

Page 9. Si on ne considérait point des lieux, ***Lisez:*** les lieux.

Page 15. Du système de chronologie suivie sur les tableaux, ***Lisez :*** suivi.

Page 28. 3 + 6, ***Lisez :*** 3 X 6; 4 + 4, ***Lisez :*** 4 X 4.

Page 33. Quelques abstraites, ***Lisez :*** quelque abstraites.

Page 37. Commène, ***Lisez :*** Comnène.

Page 44. Nous sommes tant de rois, ***Lisez :*** nous sommes tant..... de rois.

Page 44. Nous comptons, ***Lisez :*** nous composons.

Page 50, ligne 18e. Deuxième, ***Lisez :*** troisième.

Page 57. Joram 885, ***Lisez :*** 889.

Page 58. Alexandre-le-Grand prend Jérusalem 431 ; ***Lisez :*** 331.

Page 58. St-Victor 393; ***Lisez*** : 193.

Planche no I, qui lui sont contemporaines, *Lisez* : qui en sont contemporaines.

Planche no II, aux points nord-ouest, sud-ouest les places sont rangées en partant de la gauche par trois et par deux; *vaut mieux les ranger* par deux et par trois, comme celles des points nord-est et sud-est.

www.ingramcontent.com/pod-product-compliance
Lightning Source LLC
LaVergne TN
LVHW050421160826
845677LV00002BA/461

* 9 7 8 2 3 2 9 7 5 1 2 0 7 *